Juan Ruiz de Alarcón

Los favores
del mundo

Barcelona **2024**
Linkgua-ediciones.com

Créditos

Título original: Los favores del mundo.

© 2024, Red ediciones S.L.

e-mail: info@linkgua.com

Diseño de cubierta: Michel Mallard.

ISBN tapa dura: 978-84-1126-283-5.
ISBN rústica: 978-84-9816-307-0.
ISBN ebook: 978-84-9897-933-6.

Sumario

Brevísima presentación

La vida

Juan Ruiz de Alarcón y Mendoza (1581-1639). México. Nació en México y vivió gran parte de su vida en España. Era hijo de Pedro Ruiz de Alarcón y Leonor de Mendoza, ambos con antepasados de la nobleza. Estudió abogacía en la Real y Pontificia Universidad de la Ciudad de México y a comienzos del siglo XVII viajó a España donde obtuvo el título de bachiller de cánones en la Universidad de Salamanca. Ejerció como abogado en Sevilla (1606) y regresó a México a terminar sus estudios de leyes en 1608. En 1614 volvió otra vez a España y trabajó como relator del Consejo de Indias. Era deforme (jorobado de pecho y espalda) por lo que fue objeto de numerosas burlas de escritores contemporáneos como Francisco de Quevedo, que lo llamaba «corcovilla», Félix Lope de Vega y Pedro Calderón de la Barca.

Personajes

Anarda, dama
Buitrago, escudero
Criados
Don Diego, viejo, tío de Anarda
Don Juan de Luna
Dos pajes
El Conde Mauricio
El príncipe don Enrique, hijo de don Juan II de Castilla
García Ruiz de Alarcón
Gerardo, paje del príncipe
Hernando, gracioso
Inés, criada de Anarda
Julia, dama
Leonardo, su criado

Jornada primera

(Salen don García Ruiz y Hernando, con vestido de color.)

Hernando   ¡Lindo lugar!

García   El mejor;
todos, con él, son aldeas.

Hernando   Seis años ha que rodeas
aqueste globo inferior,
y no vi en su redondez
hermosura tan extraña.

García   Es corte del rey de España,
que es decirlo de una vez.

Hernando   ¡Hermosas casas!

García   Lucidas;
no tan fuertes como bellas.

Hernando   Aquí las mujeres y ellas
son en eso parecidas.

García   Que edifiquen al revés
mayor novedad me ha hecho,
que primero hacen el techo,
y las paredes después.

Hernando   Lo mismo, señor, verás
en la mujer, que adereza,
al vestirse, la cabeza
primero que lo demás.

García	Bizarras las damas son.

Hernando	Diestras pudieras decir
	en la herida del pedir,
	que es su primera intención.
	   Cifrase, si has advertido,
	en la de mejor sujeto,
	toda la gala en el peto,
	toda la gracia en el pido.
	   Tanto la intención cruel
	solo a este fin enderezan,
	que si el «Padre nuestro» rezan,
	es porque piden con él.
	   Hoy a la mozuela roja
	que en nuestra esquina verás,
	dije al pasar: «¿Cómo estás?».
	Y respondió: «Para aloja».

García	Con todo, siento afición de Madrid en ti.
Hernando	Y me hicieras merced si aquí fenecieras esta peregrinación; que molerán a un diamante seis años de caminar de un lugar a otro lugar, hecho caballero andante.
García	Hernando, estoy agraviado, y según leyes de honor, debo hallar a mi ofensor; no basta haberlo buscado.

Mas no pienses que me canso,
que hasta llegar a matarle,
de suerte estoy, que el buscarle
tengo solo por descanso.
　No a mitigarme es bastante
tiempo, cansancio ni enojos,
que siempre tengo en los ojos
aquel afrentoso guante.
　¡Ah, cielos! ¿En qué lugar
escondéis un hombre así?
Cielos, o matadme a mí,
o dejádmelo matar.
　Yo, que en la africana tierra
tantos moros he vencido;
yo, que por mi espada he sido
el asombro de la guerra,
　yo, que en tan diversas partes
fijé, a pesar del pagano
y el hereje, con mi mano
católicos estandartes,
　¿he de vivir agraviado
tantos años, cielo? ¿Es bien
que esté deshonrado quien
tantas honras os ha dado?

Hernando　　　　　Por Dios te pido, señor,
que no te aflijas así,
que yo espero en Dios que aqui
has de restaurar tu honor.
　Si las señas no han mentido,
don Juan en Madrid está.
Sufre lo menos, pues ya
lo más, señor, has sufrido.
　Deja esa pena inhumana,

no pienses en tu contrario.

García   Es pedir al cuartanarío
que no piense en la cuartana.

Hernando   Diviértete, considera
cómo está en caniculares
con ser pobre Manzanares,
tan honrada su ribera,
    que de él dijo una señora,
cuyo saber he envidiado,
que es, por lo pobre y honrado,
hidalgo de los de agora.
    Bien puede aliviar tus males
ver ese parque, abundoso
de conejo temeroso,
blanco de tiros reales.

García   Detente. ¿No es mi enemigo
el que miro?

Hernando   ¿Don Juan?

García   Sí,
el que viene hablando allí...
con aquel coche...

Hernando   Yo digo
que me parece don Juan,
pero no puedo afirmarlo.

García   Ya ves que importa no errarlo.
Pues tan divertidos van,
    al descuido has de acercarte,

y con cuidado mirar
si es él; que yo quiero estar
escondido en esta parte
    hasta que vuelvas. Advierte
que certificado quedes.
De espacio mirarlo puedes,
que él no podrá conocerte.

Hernando   El coche paró... una dama
                        sale...; él sirve de escudero.

García   Acaba, vete.

Hernando   El cochero
                        me dirá cómo se llama.

(Vase Hernando; don García se esconde a un lado, y por el opuesto salen
doña Anarda y doña Julia, con mantos, y don Juan.)

Juan   El Príncipe, mi señor,
                        que de este parque en la cuesta
                        dando está con la ballesta
                        lición, y envidia al amor,
                            como vuestro coche vio,
                        contento y alborotado
                        a daros este recado,
                        bella Anarda, me envió.
                            miradlo en aquel repecho,
                        sobre el hombro la ballesta,
                        la mira en el blanco puesta
                        que sigue tan sin provecho.

Anarda   Al parque, don Juan, subiera,
                        no dando qué murmurar,

mas está todo el lugar
de ese río en la ribera.
   Perdón me ha de dar su alteza,
y porque pueda advertir
que nace en mí el no subir
de honor, y no de esquiveza,
   aquí me quiero asentar,
donde el príncipe me vea;

(Siéntanse las damas; don Juan se arrodilla.)

   que ver lo que se desea,
algo tiene de gozar.
   Y vos, que con él priváis,
estaos aquí, porque arguya
que esta fortaleza es suya,
pues por alcaide quedáis.

(Habla aparte doña Julia con doña Anarda.)

Julia   Parece que se mitiga
                tu acostumbrado rigor.

Anarda   A esto me obliga el temor,
                ya que el amor no me obliga.
(A don Juan.)   ¿De rodilla?

Juan   Tus despojos
              adoro.

Anarda   Mucho te humillas.

Juan   ¿No pondré yo las rodillas
                donde el Príncipe los ojos?

Y cuando no a tu deidad
tal veneración le diera,
a tu prima se la hiciera,
pues adoro su beldad.

(Sale Hernando. Sale don García al encuentro a Hernando y habla con él sin ser vistos de don Juan ni las damas.)

García   ¿Es don Juan?

Hernando   Sin duda alguna,
que yo pregunté al cochero
quién es este caballero
y dijo: «don Juan de Luna».

García   En cas del embajador
de Ingalaterra te espero.
Con mis joyas y dinero
ponte en salvo.

Hernando   Voy, señor.

(Vase Hernando. Don García saca la espada y embiste a don Juan; él se levanta, y la saca también.)

García   Aquí pagará tu vida
tu atrevimiento.

Juan   Detente.

García   ¡Ah, don Juan! aquí no hay gente
que la venganza me impida.

Anarda   ¡Qué confusión!

Julia	Prima mía, ¿qué haremos?
Anarda	¡Oh, trance fuerte!
Juan	¿Veniste a buscar tu muerte? ¿No me conoces, García?
García	Tanto mayores serán, si aquí te venzo, mis glorias, cuanto lo son tus victorias.

(Vienen a los brazos y cae debajo don Juan.)

Anarda	Vencido cayó don Juan.

(Don García saca la daga.)

García	Ya llegó el tiempo en que salga de tanta afrenta. ¡Enemigo, éste es tu justo castigo!

(Va a darle una puñalada.)

Juan	¡Válgame la Virgen!

(Detiene el brazo alzado don García, y se levanta.)

García	Valga; que a tan alta intercesora no puedo ser descortés.
Juan	Déjame besar tus pies.

García	Don Juan, a nuestra Señora,
	virgen, madre de Dios hombre,
	de la vida sois deudor;
	que refrenar mi furor
	pudiera solo su nombre.
Juan	Matadme; que más quisiera
	morir, que haber agraviado
	a quien la vida me ha dado.
García	Más queda de esta manera
	satisfecha la honra mía;
	que si ya pude mataros,
	más he hecho en perdonaros
	que en daros la muerte haría.
	Matar pude, vencedor
	de vos solo; mas así
	he vencido a vos y a mí,
	que es la victoria mayor.
	Solo faltó derribar
	el brazo ya levantado;
	más fue perdonar airado,
	que era, pudiendo, matar.
Anarda (Aparte.)	(De turbada estoy sin mí.)
	Necio, descortés, grosero,
	si valiente caballero,
	fuera bien mirar que aquí
	estaba yo, para dar
	a ese intento dilación.
	¿Faltáraos otra ocasión
	de poderlo ejecutar?

García	En que os habéis ofendido,
	reparad, señora mía,
	llamando descortesía
	lo que ceguedad ha sido.
	Ciego llegué del furor;
	que, ¿quién, señora, os mirara,
	que suspenso no quedara
	o de respeto o de amor?

Anarda   Vanas las lisonjas son,
cuando con lo que intentastes,
de ningún modo guardastes
el decoro a mi opinión.
    ¿Qué dijeran los que están
buscando que murmurar,
viendo a mi lado matar
un hombre como don Juan?

Juan   Si advertís, señora mía,
perdón merece en su error
quien, por tener mucho honor,
tuvo poca cortesía.

Anarda   ¡Bueno es disculparlo vos!

Juan   ¿No estoy a hacerlo obligado,
cuando la vida me ha dado?

(Sale Gerardo, paje.)

Gerardo   Su alteza llama a los dos.

García   ¿El príncipe?

Gerardo	Veislo allí.
Juan	No tenéis que alborotaros,
	que presto pienso pagaros
	lo que habéis hecho por mí.
(A las damas.)	Su alteza a llamarme envía.
Anarda	Bien es que le obedezcáis.
Juan	Si el coche, Anarda, tomáis,
	dejaros en él querría.
Anarda	Desde aquí del aire y soto
	gozar queremos las dos.
Juan	Julia, adiós.
Julia	Don Juan, adiós.

(Vase don Juan.)

García	Perdonad este alboroto,
	si puedo esperar perdón
	de quien, solo con mirar
	da muerte.
Anarda	De perdonar
	vos me habéis dado lición.
Julia	¡Qué bizarro caballero!
	Las almas lleva tras sí.

(Sale Hernando. Don García se encuentra con él al retirarse y los dos hablan aparte.)

García	¿Aquí estás?
Hernando	Quise de aquí ver el suceso primero.
García	Quédate, y sabe quién son esas mujeres.
Hernando	¿Ya estás herido?
García	En ellas verás, si es bastante la ocasión.

(Vase don García y Hernando se queda en el fondo.)

Gerardo	El príncipe, mi señor, que este caso viendo ha estado, os dice que se ha alegrado de tener competidor que a su privado ha querido, porque os hablaba, ofender; que dueño debe de ser quien cela tan atrevido.
Anarda	Decid, Gerardo, a su alteza que mostrárseme penado de este susto que me han dado, fuera más alta fineza que condenarme a liviana con tanta resolución, por sola la información de una conjetura vana.

Que ya de don Juan sabrá
cuán otra la causa ha sido,
y de haberme así ofendido
el yerro conocerá.
    Y porque entienda que yo
no sé a dos favorecer,
le suplico haga prender
al que mi agravio causó.
    Id con Dios.

Gerardo   Quede contigo.

(Vase Gerardo.)

Julia   Yo pensé que merecía
su humildad y cortesía
antes premio que castigo.
    Villana estás, por mi fe,
con quien perdón te pidió.
(Aparte.)   (Préndaos Anarda; que yo,
forastero, os libraré.)

Anarda   ¡Oh, qué mal me has entendido!
¿Ves este enojo y rigor?
Pues ardides son que amor
ha trazado y ha fingido.

Julia   ¿Quieres al príncipe ya?

Anarda   Nunca tan necia te vi.
Quien vio el forastero, di,
¿cómo otro dueño querrá?
    Aquel bizarro ademán
con que la espada sacó,

el valor con que venció
y dio la vida a don Juan,
la gala, la discreción
en darme disculpa, el modo,
gentileza y talle, todo
me ha robado el corazón.

Julia (Aparte.)　　　　　(¡Rabiando estoy de celosa!)

Anarda　　　　　Y así, por volver a verlo,
lo aseguro con prenderlo,
de que se irá temerosa,
porque forastero es.

Julia　　　　　Cuando se apartó de aquí,
al oído hablar le vi
a aquel mancebo que ves.
Él informarte pudiera.

Anarda　　　　　Bien dices: hablarle quiero.

Julia (Aparte.)　　　　　(Así ha de ser, forastero,
mi contraria mi tercera.)

Anarda　　　　　¡Ah, caballero!

Hernando (Aparte.)　　　　　(¿Si a mí
caballero me llamó?
¿Tan buen talle tengo yo?)
¿Es a mí, señora?

Anarda　　　　　Sí.

Hernando　　　　　Extrañé la nueva forma,

cuando me vi caballero,
si bien no soy el primero
que en la corte se trasforma.
   Mas son vanas intenciones
cuando con pobreza lidio
que es el dinero el Ovidio
de tales trasformaciones.
   Pero si puedo serviros,
dama, sin ser caballero,
mandadme.

Anarda   Pediros quiero...

Hernando   Pues bien podéis despediros.
   ¿Para pedirme, decid,
solo me llamáis las dos?
Animosas sois, por Dios,
las mujeres de Madrid.
   Que pida la que se ve
de mí rogada y querida,
¡vaya! Mi amor la convida,
y pues pido, es bien que dé.
   Que la mujer que hablo yo
en la iglesia, tienda o calle,
me pida, ¡vaya!, el hablalle
ya por ocasión tomó.
   Mas, ¡llamarme, hacerme andar,
y luego pedirme! ¿Es cosa
el dar tan apetitosa,
que he de andar yo para dar?

Anarda   Lo que pediros intento,
solo hablar ha de costaros.

Hernando	De eso bien me atrevo a daros cuanto os pinte el pensamiento.
Anarda	Oíd, pues.
Hernando	Decid, señora.
Anarda	Que me digáis solo quiero quién es aquel forastero que al oído os habló agora.
Hernando	Con que vos, señora mía, antes quién sois me digáis, os lo diré; y no tengáis lo que os pido a groscria, porque sin saber a quién, decir quién es no conviene puesto que enemigos tiene.
Anarda	¡Qué cauto sois!
Hernando	Hago bien; que en la corte es menester con este cuidado andar; que nadie llega a besar sin intento de morder.
Anarda	Si así ha de ser, yo me llamo doña Lucrecia Chacón.
Hernando	García Ruiz de Alarcón es el nombre de mi amo.
Anarda	¿Es caballero?

Hernando	¿Tan mal os informa su apellido? La Mancha no lo ha tenido más antiguo y principal. Y sin el nombre, el sujeto os pudiera haber mostrado su calidad.
Anarda	¿Es casado?
Hernando	No, sino hombre muy discreto.
Anarda	Déte el cielo buenas nuevas.

(Doña Anarda habla aparte con doña Julia.)

Julia	Disimula. Loca estás.
Anarda	¿Qué quieres?
Julia	Pregunta, mas sin mostrar el fin que llevas.
Anarda	¿Es rico?
Hernando	¡Gracias a Dios que llegamos al lugar! Si queríades preguntar solo ese punto las dos, ¿qué sirve parola vana y hablar de falso primero? Bien sé que apunta al dinero toda aguja cortesana.

Anarda	Ya no lo quiero saber, por mostrar otros cuidados.
Hernando	Pues hasta dos mil ducados de renta deben de ser los que en sus vasallos tiene.
Anarda	¿A qué vino a este lugar?
Hernando	Ése es mucho preguntar.
Anarda	Solo si de espacio viene me decid.
Hernando	Si no es aquí rémora un nuevo cuidado...
Anarda	¿Hase acaso enamorado?
Hernando (Aparte.)	(¿Picaisos?) Pienso que sí.
Anarda	Malas nuevas te dé Dios.
Hernando (Aparte.)	(Mal disimula quien ama.)
Anarda	¿Puede saberse la dama?
Hernando	Oso decir que sois vos.
Anarda	Pues, ¿cuándo me ha visto?
Hernando	Ahora.

Anarda	Y ¿cómo sabéis que aquí se ha enamorado de mí?
Hernando	Porque sé que os vio, señora.
Anarda	¿Lisonjas?
Hernando	Verdades son, de que tengo algún indicio.
Julia	Que viene el Conde Mauricio.
Anarda	Pues huyamos la ocasión.

(Sale el Conde Mauricio y Leonardo. Se quedan en el fondo observando a las damas.)

Leonardo	Lince eres en conocellas.
Conde	Ciega amor y vista da. ¿Cúyo criado será el que está hablando con ellas?
Anarda	Tu nombre...
Hernando	Hernando es mi nombre.
Anarda	¿De qué?
Hernando	Hernando, cerrilmente, que no le sirve al sirviente más que el nombre el sobrenombre.
Anarda	Mucho tu modo me obliga.

Gusto me ha dado tu humor.

Hernando Eso, hablando a lo señor...

(Hablan aparte doña Anarda y doña Julia.)

Anarda Dile, Julia, que nos siga,
como que sale de ti.

Julia (Aparte.) (Tu mismo fuego me abrasa.)
Ven a saber nuestra casa,
que he de hablarte.

Hernando Harélo así.
(Vanse las damas.) ¡Pobretilla! ¿Ya me quieres?
Las armas de amor trajimos,
que un hombre a matar venimos,
y hemos muerto dos mujeres.

(Vase Hernando.)

Leonardo El coche toman. Huyendo
van de ti, señor.

Conde Cuidado
me da, Leonardo, el criado.
¿Ves cómo las va siguiendo?

Leonardo ¿Qué determinas?

Conde Saber
quién es su dueño y su intento,
que amor me forma del viento
mil visiones que temer.

(Vanse el Conde y Leonardo. Salen el Príncipe, con gabán y ballesta, García y don Juan.)

García   Supuesto que obedecer
es forzoso a vuestra alteza,
oya a quien ha ejercitado
más la espada que la lengua.
García Ruiz de Alarcón
es mi nombre, en las fronteras
berberiscas más temido
que conocido en las vuestras.
Vasallos tengo en La Mancha,
que mis pasados heredan
del Zavallos, que a Castilla
abrió de Alarcón las puertas.
En ciñéndome la espada,
fui a serviros a la guerra,
que heredar honra es ventura,
y valor es merecerla.
Callar quiero mis hazañas
pues que la fama os las cuenta,
y en la tierra las escriben
ríos de sangre hagarena.
Habrá, pues, señor, seis años
que en la batalla sangrienta
que tuvimos con los moros
en Jerez de la Frontera,
militó don Juan de Luna,
de cuyos rayos pudiera
el mismo Sol envidiar
fuego para sus saetas,
porque su valiente espada
era encendido cometa

que a fuego y sangre amenaza
la berberisco potencia.
Al trabar la escaramuza,
con tan animosa fuerza
las huestes de África embisten,
que las de Castilla afrentan.
Desbaratados los nuestros
olvidaron su soberbia,
y aun volvieron las espaldas,
que esto es verdad, si es vergüenza.
Yo, despachado de ver
tan nunca usada flaqueza,
atajélos con la espada,
castiguélos con la lengua.
0 se deba a mis razones,
o al valor de ellos se deba,
corridos los castellanos
repararon la carrera,
y en nuevo Marte encendidos,
revuelven con tal violencia,
que más pareció el huir
artificio que flaqueza.
Vos, señor, al fin vencistes,
que son los reyes planetas,
y las obras del vasallo
se deben a su influencia.
Pues como yo fui la causa
de que los nuestros volvieran,
por autor de la victoria
todo el campo me celebra;
con que en algunos cobardes
la envidia tósigo siembra,
que la pensión de las dichas
es la emulación que engendran.

Juntos pues los envidiosos
a fabricar mis afrentas,
a don Juan de Luna eligen
para el instrumento de ellas.
Solo en su valor confían,
y en la confianza aciertan,
pues a lo que él se atrevió,
nadie, sin él, se atreviera.
Dícenle, para incitarlo
a la venganza que intentan,
que de su espada y valor
he hablado mal en su ausencia;
que he dicho que las espaldas
suyas fueron las primeras
que vieron los enemigos
en la pasada refriega.
Uno el agravio denuncia,
los otros con él contestan,
y él con falsa información
justamente me condena.
Y estando en corrillo un día
con otros soldados, llega
determinado don Juan,
diciendo de esta manera:
«Yo soy don Juan, cuya Luna,
de gloriosos rayos llena,
el honor de mis pasados,
con ser inmenso, acrecienta;
vos habéis dicho de mí
que soy cobarde en la guerra,
sabiendo que en valentía
os venzo, como en nobleza.»
«¡Mentís en todo!», le dije;
mas húbelo dicho apenas,

cuando le tiró en un guante
a mi honor una saeta
que si bien no me llegó,
es por la desdicha nuestra
el honor tan delicado,
que del intento se quiebra.
Saqué a vengarme la espada,
y él la suya en su defensa,
que de dos humanos Joves
dos rayos vibrados eran,
y a no impedírnoslo tantos,
no digo yo cuál muriera;
que con ventura se vence,
si con valor se pelea.
Al fin, no pude romper
muros de espadas opuestas,
que aunque el valor las excede,
no las igualan las fuerzas.
Ausentóseme don Juan,
y yo, en sabiendo quién eran
los autores del engaño
de que resultó mi ofensa,
los dos de tres arrojé
al mar desde una galera.
Por las bocas me ofendieron,
y entró la muerte por ellas.
El tercero se ausentó,
y a mí el agravio me lleva
buscando a don Juan de Luna
por varios mares y tierras,
determinado a matar
o morir; y a sus esferas
seis vueltas ha dado el Sol
mientras yo al mundo una vuelta.

Supe que estaba en Madrid;
vine, y vilo en la ribera
de Manzanares agora;
embestí a vengar mi afrenta;
vino a los brazos conmigo,
donde al hijo de la tierra
en valor y fuerza excede,
ipero yo al honor de Tebas!
La daga y brazo levanto
que ardiente furia gobierna,
y él, viendo que ya en el suelo
ningún remedio le queda,
«¡Válgame la Virgen!», dice.
«Valga», digo, y la sentencia
revoco en el breve instante
que al golpe empezado resta.
Éste es el caso. Don Juan,
pues he hablado en su presencia,
me puede enmendar agora
lo que mi memoria yerra.

Juan   Éste, señor, es el caso.

Príncipe   García-Ruiz de Alarcón,
claras vuestras obras son.
Desde el oriente al ocaso
da envidia vuestra opinión.
    Las más ilustres historias
en vuestras altas victorias
el non plus ultra han tenido;
mas la que hoy ganáis, ha sido
plus ultra de humanas glorias.
    Vuestra dicha es tan extraña,
que quisiera, vive Dios,

más haber hecho la hazaña
que hoy, García, hicistes vos,
que ser príncipe de España.
    Porque Alejandro decía
—ived cuánto lo encarecía!—
que más ufano quedaba
si un rendido perdonaba,
que si un imperio rendía;
        que en los pechos valerosos,
bastantes por sí a emprender
los casos dificultosos,
el alcanzar y vencer
consiste en ser venturosos;
        mas en que un hombre perdone,
viéndose ya vencedor,
a quien le quitó el honor,
nada la Fortuna pone;
todo se debe al valor.
    Si vos de matar, García,
tanta costumbre tenéis,
matar, ¿qué hazaña sería?
Vuestra mayor valentía
viene a ser que no matéis.
    En vencer está la gloria,
no en matar, que es vil acción
seguir la airada pasión,
y deslustre la vitoria
la villana ejecución.
    Quien venció, pudo dar muerte,
pero quien mató no es cierto
que pudo vencer; que es suerte
que le sucede al más fuerte
sin ser vencido, ser muerto.
    Y así no os puede negar

quien más pretenda morder,
que más honra os vino a dar
el vencer y no matar,
que el matar y no vencer.
    Dar la muerte al enemigo
de temerlo es argumento;
despreciarlo es más castigo,
pues que vive a ser testigo
contra sí del vencimiento.
    La vitoria el matador
abrevia, y el que ha sabido
perdonar, la hace mayor,
pues mientras vive el vencido,
venciendo está el vencedor.
    Y más donde a cobardía
no puede la emulación
interpretar el perdón,
pues tiene el mundo, García,
de vos tal satisfacción.
    Dadme los brazos.

García   Señor,
con que a vuestros pies me abaje
premiáis mi hazaña mayor.

Príncipe   Ésos pide el vasallaje,
y esotros debo al valor.

García   Como rey sabéis honrar.

Príncipe   Alzad, Alarcón, del suelo,
que en el suelo no ha de estar
quien ha sabido obligar
la misma reina del cielo.

	Y que pago considero
	por libranza suya a vos
	las honras que daros quiero,
	que es el rey un tesorero
	que tiene en la tierra Dios.
(Abrázale.)	Libre de ser derribado
	agora me juzgo yo,
	que bien seré sustentado
	de un brazo a quien, levantado,
	tal furia no derribó.
	Y así, en mi casa, García,
	os quedad. Desde este día
	andemos juntos los dos,
	que quiero aprender de vos
	la piedad y valentía.
	Gentilhombre de mi boca
	os hago.
García	Dadme esos pies.
Príncipe	El servirme de vos es
	para vos merced muy poca,
	porque es mi propio interés.
	Y yo no pretendo hacer
	de esto premio o beneficio,
	porque el cargo ni el oficio
	no premia al que ha menester
	el rey para su servicio.
	El un hábito escoged
	de los tres.
García	¿Cuándo, señor,
	serviré tanta merced?

(Arrodíllase don Juan.)

Príncipe   Aquesto a vuestro valor,
                  y no a mí, lo agradeced.
                     Lo mucho que habéis servido,
                  el hábito manifiesta.
                     Pues ¿qué merced habrá sido
                  la que a mí nada me cuesta,
                  y vos habéis merecido?
                     ¿Por qué estás, don Juan, así?

Juan   Estas honras que le das
                  a García Ruiz, por mí
                  agradezco.

Príncipe   Debo más
                  a quien hoy me ha dado a ti.
                     A pagarle me apercibo
                  esta vida con que vivo,
                  en la que hoy, don Juan, te dio;
                  que eres, amigo, otro yo,
                  y en ti la vida recibo.

Juan   A todos sabes honrar.

(Sale Gerardo.)

Príncipe   ¿Qué hay, Gerardo?

Gerardo   A vuestra Alteza
                  aparte quisiera hablar.

(Desvíase el Príncipe con Gerardo, y hablan aparte García y don Juan.)

Juan	Merece vuestra nobleza tan soberano lugar.
García	Un deudor en mí tenéis de las honras que hoy recibo.

Juan	Cuando a merced vuestra vivo,
	nada deberle podéis
	por ley a vuestro cautivo.
	    Mas donde el sujeto es tal,
	no tanto estiméis que aplique
	el ánimo liberal
	el príncipe don Enrique
	a haceros merced igual;
	    porque en su real persona
	puso el cielo tal nobleza,
	benignidad y largueza,
	que hoy os diera su corona,
	a tenerla en la cabeza.

Príncipe (Aparte.)	(Confuso estoy. ¿Qué he de hacer?
	¿Al que tanto agora honré
	tengo al punto de prender?
	Pues dejar de obedecer
	a Anarda, ¿cómo podré?
	    ¡Oh, fuero de amor injusto!
	¿A tan heroico varón
	hacer tal agravio es justo,
	por solo el liviano gusto,
	de una mujer sin razón?
	    Pero prenderlo, ¿qué importa,
	si luego le he de soltar,
	y a mí me viene a librar
	su prisión liviana y corta

de un largo enojo y pesar?
        Pero tengo por mejor,
por mostrarme poco amante
sufrir de Anarda el rigor,
que dar nota de inconstante
a un hombre de tal valor.
        Mas si la causa le digo,
bien disculpará el efeto...
No me tendrá por discreto,
si aun no empieza a ser mi amigo
cuando le fío un secreto.
        Mas ya sé lo que he de hacer.)
Vedme esta noche, García.

García   Vuestro soy.

Príncipe   Habéis de ver
a mi padre; que poner
vuestra persona querría
    en el estado que cuadre
al valor que en vos se ve.

García   Con serviros lo tendré.

Príncipe   Esta noche, de mi padre
el hábito alcanzaré.

(Vase el Príncipe.)

Juan   Ya con él os miro yo,
que el rey don Juan a su alteza
nada jamás le negó;
que de su padre heredó
el príncipe la largueza.

(Vase don Juan.)

García   En mar sangriento de cruel venganza,
de rabia, de ira y de coraje lleno,
corrí tormenta, de esperanza ajeno
de llegar en mi estado a ver bonanza;
    y un súbito accidente, una mudanza
el pecho libra del mortal veneno,
y el que en mi agravio a mi furor condeno,
en el perdón produce mi esperanza.
    No la privanza me movió futura,
que Fortuna en sus obras desiguales
no hace de los méritos memoria;
    mas debo a mi piedad esta ventura,
y por lo menos en hazañas tales
de la gentil acción queda la gloria.

(Vase don García. Salen Hernando, con capa y sombrero viejo, e Inés.)

Hernando   Tu nombre saber deseo.

Inés   Inés.

Hernando   Decirte podré,
según en mí no sé
qué siento después que te veo:
    «Un poco te quiero, Inés.»

Inés   A lo menos no dirás,
pues que ya dicho lo has:
«Yo te lo diré después.»

Hernando   La lengua en amor osada

40

es más dichosa y más cuerda,
porque la mula que es lerda
tarde llega a la posada.
    Enfermo es quien tiene amor,
y es el doctor el amado.
Pues, ¿cómo será curado
quien su mal calla al doctor?

(Salen el Conde y Leonardo, de noche.)

Leonardo   Ocupada está la puerta.

Conde   Reconocer determino...

Leonardo   El celoso desatino
                tus acciones desconcierta.

Conde   No me repliques. ¿Quién es?

Inés (Aparte.) (Éste es el Conde.) Inés soy,
                que gozando el fresco estoy.

Conde   No hablo contigo, Inés,
                    sino con aquese hidalgo.

Inés   Un soldado es que llegó,
                    como a la puerta me vio,
                a pedir por Dios.

Hernando   Dad algo
                para pagar la posada,
                caballeros, a un soldado
                desvergonzante y honrado,
                que trae la pierna colgada

y tiene un brazo torcido,
por amor de...

Leonardo   Perdonad.

Hernando   Miren la necesidad
con que por Dios se lo pido.

Conde   ¿Queréis no ser majadero?

Hernando   ¿Así a un pobre se responde?
(Aparte.)   (¿Éste es Conde? Sí; éste esconde
la calidad y el dinero.)

(Vase Hernando.)

Conde   Hermana Inés, no concierta
con el honor de esta casa
ver, quien a tal hora pasa,
hombres hablando a su puerta.

Inés   Un mendigo remendado
que por Dios llega a pedir,
¿qué puede dar que decir?

Conde   Un tercero, disfrazado
de mendigo, busca así
la ocasión a su mensaje;
y a estas horas el mal traje
no se ve, y el hombre sí,
y a estar vos, como es razón,
encerrada en vuestra casa,
al mendigo y al que pasa
quitárades la ocasión.

Inés	No sé yo, por vida mía,
	desde cuándo acá o por dónde
	le ha tocado, señor Conde,
	el cargo a vueseñoria
	de alcaide o de guardadamas
	de esta casa. ¿Qué marido,
	padre o galán admitido
	es de alguna de mis amas,
	para que las guarde así?
Conde	¡Vive el cielo, que a no ser
	de aquesta casa y mujer!...
Leonardo	Calla. Inés, ¿estás en ti?
	¿Así te atreves al Conde?
Inés	Y al mismo rey me atreviera,
	si tanta ocasión me diera.
	Quien por su dueño responde
	se atreve muy justamente.
	Pero yo le diré a Anarda
	que el Conde su puerta guarda,
	para que el remedio intente.

(Vase Inés.)

Leonardo	Perdido vas.
Conde	Tal estoy
	de celoso y desdeñado,
	que ya, de desesperado,
	en nuevos intentos doy.
	Ya que no puedo obligar,

vengarme solo deseo,
que estas visiones que veo,
la materia me han de dar.
    El mozo que hoy en el río
las habló y siguió después;
hallar a la puerta a Inés
y hablarme con tanto brío;
    de Anarda el airado ceño
hoy, porque al coche llegué,
todo dice, o nada sé,
que esta casa tiene dueño.

Leonardo   ¿Eso dudas?

Conde   De inquirirlo
y darles pesares trato.

Leonardo   No le saldrá muy barato,
si tú das en perseguirlo,
    al pobre amante el favor.

Conde   Tenga disgustos al peso
que los tengo.

Leonardo   Para eso
te hizo Dios tan gran señor.
    Páguela quien te la hiciere.

Conde   Bien es para tales hechos
vestir de acero los pechos.

Leonardo   Quien dar pesadumbres quiere,
    ha de vivir con cuidado.

Conde
Vamos por armas; que el día
ha de hallarme aquí en espía,
Leonardo, hasta ser vengado.

(Vanse el Conde y Leonardo. Salen García y Hernando, de noche.)

García
Prosigue.

Hernando
Llegóse a mí
el dicho Conde Mauricio,
como ve que sigo el coche,
y pregúntame a quién sirvo.
Digo que a nadie. Él replica
de dónde soy conocido
de aquellas damas que hablaba,
y por qué ocasión las sigo.
Que ni sigo ni conozco,
le respondo y certifico.
«Pues no os tope yo otra vez
a vista del coche —dijo—,
o a palos haré mataros.»
Yo me aparto, y a un mendigo,
que limosna entre los coches
pidiendo andaba en el río,
mi capa y sombrero doy,
y estos andrajos le pido,
con que, si me ves de día,
oso engañarte a ti mismo.
Con esto, y con que la noche
también ayuda nos hizo,
las seguí, y entré en su casa,
de que somos tan vecinos,
que es ésta que estás mirando,
cuyo soberbio edificio

45

avaramente publica
los tesoros escondidos.
Hablé con ellas, y al fin,
la que ser Lucrecia dijo
me dio de tenerte amor,
si honestos, claros indicios.
Pregunta tu casa, y yo
con decirla me despido.
De mi humor dicen que gustan,
mas yo, que a tu amor lo aplico,
me di al disfrazado brindis
de «a más ver» por entendido.
A Inés, secretaria suya,
mandan que salga conmigo
hasta dejarme en la calle,
cosa bien fuera de estilo,
pero no de la intención,
que presumo y averiguo.
Que fue porque yo de Inés
me informase en el camino
de lo que ellas me negaron,
lance de amor conocido.
Supe que era el nombre Anarda,
y Girón el apellido
de la que doña Lucrecia
Chacón nombrarse me dijo.
La otra es su prima, Julia
su nombre, y un viejo tío
es el curador y el Argos
de estas dos huérfanas Íos,
ambas por casar, y tienen
dos mayorazgos muy ricos
con que puede hacer dichoso
cada cual a su marido.

Ciertas esperanzas mías
dieron con esto en vacío,
y a Inés, envuelta en donaires,
una flecha de amor tiro.
Llegamos así a la puerta,
donde con celoso brío
se llegó a reconocerme,
determinado, Mauricio.
Dice que un mendigo soy
Inés; yo fínjolo al vivo.
Él responde: «No hay qué daros».
Yo a fuer de pobre porfío.
Enfadóse, fuime, halléte
en la posada, salimos,
las mercedes me contaste,
que hoy el príncipe te hizo.
Llegamos aquí, paramos...
Con que en breve suma he dicho
cuanto he hecho desde el punto
que me dejaste en el río.

García   De los favores de Anarda
y los celos de Mauricio
me forman los pensamientos
un confuso laberinto.
Hernando, perdido estoy.
No sé qué poder divino
tiene Anarda, que en un punto
me arrebató los sentidos.
Tal estoy que no me alegran
los favores que hoy me hizo
su alteza; que los de Anarda
solo quiero y solo estimo.
Juzga pues cuál me tendrán

las licencias de Mauricio;
que mucho tiene de dueño
quien cela tan atrevido.

Hernando   Advierte que a una ventana
dos personas han salido.

(Salen doña Anarda e Inés, a la ventana.)

Anarda   Dos son.

Inés   El Conde y Leonardo
siguen el intento mismo.

Anarda   ¿Es el Conde?

García   El Conde soy.
(Aparte.)   (A mi muerte me apercibo;
pero venid, desengaño,
que cuanto os temo os estimo.)
(A Hernando.)   Aparta; que las verdades
de amor no quieren testigos,
y saber éstas deseo.

Hernando   A esa esquina me retiro.

(Vase Hernando.)

Anarda   Conde, a vuestro atrevimiento
y grosera demasía,
ni conviene cortesía,
ni es cordura el sufrimiento.
¿En qué favor fundamento
el guardarme así ha tenido?

A quien nunca fue admitido
pretendiente ni galán,
decid. ¿Qué leyes le dan
las licencias de marido?
  Si con tanta libertad
guardáis mi puerta y mi calle,
¿quién hará al vulgo que calle,
o estime mi honestidad?
Si bien me queréis, mirad
mi fama y reputación,
que es forzosa obligación
que al bien amar corresponde.

(Salen el Conde y Leonardo, armados.)

Anarda   Y si no me queréis, Conde,
                dejadme en este rincón.

(El Conde escucha a doña Anarda.)

                  Y si os pretendéis vengar
                con eso de mi desdén,
                sabed que el no querer bien
                no ofende, ni obliga a amar;
                que inclinar o no inclinar
                solo lo puede el Amor.
                Y si el veros tan señor
                esfuerza vuestra malicia,
                el rey sabe hacer justicia,
                y yo sé tener valor.

(Retíranse doña Anarda e Inés.)

Conde (Aparte.)   (Huélgome que no soy yo

solamente el desdeñado.)

García (Aparte.)   (La vida mi amor ha hallado
donde la muerte esperó.)

Conde (Aparte.)   (Pobre amante!)

(Leonardo habla aparte con el Conde.)

Leonardo   ¿Muere, o no?

Conde   Viva, pues vive penando.

(Hernando llégase a su amo, y hablan aparte.)

Hernando   ¿Qué tenemos?

García   Vida, Hernando:
el Conde muere.

Hernando   Con esto,
¿cenaremos?

García   Vamos presto,
que está el príncipe esperando.

(Vanse don García y Hernando.)

Conde   Sospecho que no hago bien,
Leonardo, en no conocello.
Si es mi igual, sacaré de ello
el consuelo a mi desdén,
y a lo menos sabré quién
no ha de causarme cuidado.

Vamos tras él.

Leonardo   Acosado
toro embestimos, señor;
que aun sospecho que es peor
un amante desdeñado.

(Vanse todos.)

Fin de la primera jornada

Jornada segunda

(Salen el Príncipe, don García, don Juan, Gerardo y Hernando, de noche.)

Príncipe   De lo que el rey os ha honrado,
                    que me deis gracias no es bien,
                    Alarcón, mas parabién,
                    pues tanto gusto me ha dado.

García   Vuestro soy.

Príncipe   Decid amigo;
                    mostrarlo puede el efeto,
                    pues mi más alto secreto
                    a declararos me obligo.
                        No me tengáis por liviano
                    por mostraros presto el pecho,
                    porque estoy muy satisfecho
                    que con vos nunca es temprano.
                        Y así justamente digo
                    que os puedo dar parte de él;
                    que ha mucho que sois fiel,
                    si ha poco que sois amigo.
                        Mas pues quiero daros hoy
                    la llave del alma mía
                    de mi cámara, García,
                    también con ella os la doy.

García   No solo no he de poder
                    serviros merced tan alta,
                    mas aun a la lengua falta
                    el modo de agradecer.

Príncipe   Alzad.

Juan	Los brazos os doy,
	alegre de que su alteza
	honre así vuestra nobleza.
García	Sois mi amigo, y vuestro soy.
Juan	A vuestra alteza, señor,
	los pies beso agradecido,
	pues honra tanto al vencido
	cuanto honrare al vencedor.
Príncipe	Bien, don Juan, sabéis mostrar
	vuestro hidalgo corazón,
	pues no os causa emulación
	la competencia en privar.
	Y con eso ganáis tanto,
	que en mi gracia os levantáis
	al paso que os alegráis
	de lo que a Alarcón levanto.
	No por su privanza viene
	mi amor a menos con vos,
	porque es el rey como Dios,
	que muchos privados tiene.
	Y así cuanto estas acciones
	muestran en vos más valor
	tanto a vuestro vencedor
	tengo más obligaciones.
	Que cuando no le pagara
	la vida que en vos me dio,
	porque a tal hombre venció,
	con justa razón le honrara.
García	A la esperanza, señor,

                    vuestros favores exceden.

Príncipe   Esos criados se queden.

Juan   El príncipe, mi señor,
                    manda que os quedéis.

(Vase Gerardo. Don García habla aparte con Hernando.)

García   Hernando,
                    en nuestra calle me aguarda,
                    y mientras no voy, a Anarda
                    te encargo.

Hernando   ¿Estaré velando?

García   Nunca tan necio has estado.

Hernando   ¿Y dormir?

García   Dormir de día.

(Vanse el Príncipe, don García y don Juan.)

Hernando   Temprano, por vida mía,
                    en el uso hemos entrado
                        alto. ¡Somos de palacio!
                    Trasnochar, ir a dormir
                    al amanecer, vivir
                    de priesa, y morir de espacio,
                        si el cielo no lo remedia.
                    La sátira encaja aquí,
                        mas no ha de haber cosa en mí
                    de lacayo de comedia.

¡Cuál a la corte pusiera
algún poeta, si el caso
y el lacayo en este paso
de la comedia tuviera!
    ¡Cuál pusiera yo a su alteza!
¡Qué libremente le hablara;
y qué poco respetara
su poder y su grandeza!
    Luego me apartara de ellos,
cuando a graves cosas van
él y mi amo y don Juan.
¡Mal año! Por los cabellos
    de otra parte me trajera,
y en todo el caso me hallara,
que el príncipe aun no fiara
quizá a los dos, si pudiera.
    Y estando en lo más famoso,
grave, fuerte y apretado,
saliera el señor criado
con un cuento muy mohoso,
    o una fábula pueril
de la zorra y el león,
y la más alta cuestión
concluyera un hombre vil.
    No, no. El criado, servir;
con el rey, la gente grave;
aconsejar, el que sabe,
y el que predica, reñir.

(Vase Hernando. Salen el Príncipe, don García y don Juan.)

Príncipe   Pensé que un pecho tan fuerte
                            como el vuestro, triunfaría
                            del amor tierno, García.

García	Iguala amor a la muerte.
Príncipe	Militares embarazos a muchos de él defendieron.
García	Al dios Marte no valieron contra los venéreos lazos.
Príncipe	¿No os admirará en efeto deciros que amo, García?
García	No, porque ya lo sabía.
Príncipe	¿Cómo?
García	Sé que sois discreto.
Príncipe	¡Qué bien sabéis consolar!
Juan	Es su consecuencia clara, puesto que amor se compara a la piedra de amolar, en que el más agudo acero da a sus filos perfección.
Príncipe	Ésta es la calle, Alarcón, en que vive por quien muero.
García (Aparte.)	(¿Qué es esto? Ya el niño Amor de estas sombras se acobarda, y la hermosura de Anarda hace, cierto mi temor.)

Príncipe	Ésta es la casa.
García (Aparte.)	(¡Ay de mí!)
Príncipe	¡Haz la seña! Mas detente;
	que el recato es conveniente,
	y pienso que hay gente allí.
Juan	La calle despejaré.
Príncipe	Tú no; que presumirán,
	si eres la flecha, don Juan,
	que soy quien la tiré.
	Vaya Alarcón.
García	Voy, señor.
Príncipe	En esta esquina os espero.

(Vanse el Príncipe y don Juan.)

García	¿Para qué, Fortuna, quiero
	con tal pensión tu favor?
	¿De qué sirve la privanza?
	Mercedes y honras, ¿de qué?
	Todas te las trocaré
	a esta perdida esperanza.
	¡Cuál iba yo, viento en popa!
	Fortuna, ya te entendí;
	que con más ímpetu así
	la nave en la peña topa.
	El fin traidor has mostrado
	con que en levantarme das;
	que para que sienta más,

me has hecho más delicado.

Dándome honrosos despojos
llegas con rostro de paz,
por arrojarme el agraz
en las niñas de los ojos.

¿Qué es privanza, qué es honor,
qué es la vitoriosa palma,
si en lo más vivo del alma
ejecutas tu rigor?

Hoy la mayor alegría
y el mayor pesar me has dado.
De dichoso y desdichado
soy ejemplo en solo un día.

Pero quizá Anarda bella
no tiene al príncipe amor.
¿Qué importa? Él es mi señor,
y tiene su amor en ella.

No tocan a la lealtad
las ofensas de quien ama;
mas ya su amigo me llama
y me obliga la amistad.

¿De qué sutiles razones,
deseo, os queréis valer?
¿Alarcón ha de poner
la lealtad en opiniones?

Deseo, o morid en mí,
o matad conmigo a vos,
porque o vos o ambos a dos
hemos de morir aquí.

Llegad, corazón fiel;
venza al Amor la lealtad;
el paso al cielo allanad
a quien os derriba de él.

(Sale Hernando, huyendo, y tras él el Conde y Leonardo.)

Hernando
A no ser tantos, yo sé
si me causaran temor.

García
¿Es Hernando?

Hernando
¿Es mi señor?

García
¿Qué ha sido?

Hernando
Desde que entré
en aquesta calle a hacer
lo que me has encomendado,
los de esa cuadrilla han dado
en que me han de conocer.
Porque no me descubrí,
dieron tras mí a cuchilladas,
y mil montantes y espadas
llovió el cielo sobre mí.

García
Dos solos diviso yo.

Hernando
¿Dos?

García
No más.

Hernando
¿Pues no habrá más?

García
¡Qué trocado, Hernando, estás!
¿Ya tu valor se acabó?

Hernando
Tantos son dos como mil
contra aquel que solo está.

García	¿Y quién será?
Hernando	¿Quién será sino quien hecho alguacil nos reconoció, señor?
García	¿El Conde Mauricio?
Hernando	El Conde.
García	Aquí, si mal me responde, me conocerá mejor.
(Llégase al Conde.)	Si acaso algunas mercedes alcanza la cortesía, por ella, hidalgos, querría poder con vuesas mercedes que den lugar por un rato a cierto amante secreto, que debe al alto sujeto de su amor este recato, que él les dejará después toda la noche la calle.

(El Conde habla aparte con Leonardo.)

Conde	Éste, en la voz y en el talle es García-Ruiz.
Leonardo	Él es.
Conde (Aparte.)	(¡Pues a buen puerto ha llegado!) Vos pedís bien justa cosa, pero muy dificultosa;

que soy ministro, y mandado
de un superior en mi oficio,
que de aquí no haga ausencia,
para cierta diligencia
que importa al real servicio.
   A mí me pesa por cierto
de no poderos servir,
pero que no he de impedir
vuestros amores advierto,
   porque callar os prometo;
demás de que es caso llano
que de la justicia es vano
querer encubrir secreto;
   que al Sol nada se le esconde.

(Hernando habla aparte con don García.)

Hernando   Él prosigue su artificio.

García   ¿Estás cierto en que es Mauricio?

Hernando   Digo, señor, que es el Conde.

García   Hidalgo, o seáis justicia
y aquí negocios tengáis,
o ser ministro finjáis
con cautelosa malicia,
   lo que pido haced, que es justo.

Conde   Que no puedo he dicho va.

García   Ya en conseguirlo me va
más reputación que gusto;
   porque quien llega a pedir

lo que no es justo negar,
no deja elección al dar,
y se obliga a conseguir.

Conde   ¿Qué queréis decir con eso?

García   ¿Aun no lo habéis entendido?
Que habéis de hacer lo que os pido,
o obligarme a algún exceso.

Conde   No os arriesguéis a un gran daño,
por la que, según entiendo,
no os quiere.

García   Yo estoy pidiendo
lugar, y no desengaño.
Esto haced, y no os metáis
en consejos, ni mostréis
que conocido me habéis,
porque a mucho me obligáis.

Conde   Que os conozca o no, os prometo
que es imposible dejaros
la calle sola.

García   ¿En estaros
os resolvéis en efeto?

Conde   Aquí me ha de hallar el día.

García   Pues procedéis tan grosero,
podrá con vos el acero
lo que no la cortesía.

(Sacan todos las espadas y riñen.)

Hernando
¡Pese a tal! Agora sí
me entenderé yo con vos,
que nos vemos dos a dos.
¡Broquelicos para mí!

Conde
Herido estoy.

García
Yo me holgara,
sin heriros, de obligaros;
mas a vos podéis culparos.

Conde
La fuerza me desampara.
Sin duda es mortal la herida.

García
Que me pesa, sabe Dios.

(A Hernando, que riñe con Leonardo.)

¡Tente!
(Al Conde.)
Yo fuera con vos
cuidando de vuestra vida,
a poder faltar de aquí.

Conde
Indicios de noble dais.

García
Por mucho que lo seáis,
con igual pecho os herí.

Leonardo
¡Ah! ¡Pese a quien me parió!

(Vanse Leonardo y el Conde. Salen el Príncipe y don Juan, alborotados.)

Príncipe	En la vida de García se arriesga, don Juan, la mía.
Juan	¿No basta que vaya yo?
Príncipe	No basta, que no sabemos cuántos los contrarios son.
Juan	Yo soy Luna, él Alarcón, que por un millón valemos. Mas pienso que viene aquí.
Príncipe	García.
García	Señor.
Príncipe	¿Qué ha sido...?
García	¿Qué, señor?
Príncipe	¿Ese ruido de cuchilladas que oí?
García	Lo que fue, que no fue nada, después, señor, lo diré. Agora, pues que se ve la calle desocupada, logre el tiempo vuestra alteza.

(Don García habla aparte con Hernando.)

En casa me espera, Hernando.

Hernando	¡Vive Dios que estoy temblando

García	Nunca has mostrado flaqueza sino en la corte.
Hernando	Señor, tú dices que nada ha sido haber a Mauricio herido, y puedes; que en el amor del príncipe estás fiado; mas a mí el pesar me ahoga; que sé que siempre la soga quiebra por lo más delgado.
García	De tu temor me avergüenzo.
Hernando	Hay alcalde que de balde, por solo hacer del alcalde, me pondrá de San Lorenzo.
García	Antes a mí me mataran; que a los ingratos no imito, que animan para el delito, y en la pena desamparan. Vete, y duerme descuidado.

(Entre tanto hace la seña don Juan.)

Hernando	¿A qué no obliga tu amor? Bien dicen que el buen señor es quien hace buen criado.

(Vase Hernando.)

Príncipe	¿Si habrán oído?

(Sale Inés, a la ventana.)

Juan   Ya están
                    a la ventana.

Inés   ¿Quién es?

Príncipe   Inés, parece.

Juan   ¿Es Inés?

Inés   ¿Quién lo pregunta?

Juan   Don Juan.
                    A Anarda le di que está
                    su alteza aguardando aquí.

Príncipe   Sin esperanza, le di.

(Quítase Inés de la ventana.)

                    ¡Válgame Dios! ¿Si saldrá?
                        Decidme que sí, y con eso
                    no me matará el temor.

Juan   Yo tuviera por mejor
                    prometerte el mal suceso,
                        y así tendrás más colmado,
                    si Anarda sale, el contento;
                    y si no, será el tormento
                    mucho menor, esperado.

García (Aparte.)   (¡Ah, Dios! ¡Qué dulce esperanza

gané y perdí en solo un día!
¡Qué propia ventura mía
en la ligera mudanza!
　　Pero quizá... ¡No hay quizá!
«Haced —el príncipe dijo—,
la seña», de que colijo
que es dueño de Anarda ya;
　　que amistad hay asentada
donde hay seña conocida,
y pues tan presto fue oída,
bien se ve que fue esperada.)

(Salen doña Anarda y doña Julia, a la ventana. Las dos hablan aparte.)

Anarda　　　　　　　Yo salgo, ésta es la verdad,
　　　　　　　　　　por el forastero, prima;
　　　　　　　　　　que su prisión me lastima,
　　　　　　　　　　si temo su libertad.

Julia　　　　　　　　　¡Qué perdida estás!

Anarda　　　　　　　　　　　　De amor
　　　　　　　　　　hasta agora no he sabido.

Julia　　　　　　　Tarde, mas bien, te ha cogido.
(Aparte.)　　　　　(Sabe Dios que estoy peor.)

Anarda　　　　　　　¡Ah, caballero!

Príncipe　　　　　　　　　　Señora,
　　　　　　　　　　¿Sois Anarda?

Anarda　　　　　　　　　　Anarda soy.

Príncipe	Perdonad, mi bien, si os doy
	aqueste disgusto ahora,
	impidiendo el venturoso
	sueño, que ocupando estaba,
	por el descanso que os daba
	en cambio, ese cuerpo hermoso;
	que tanto el susto he sentido,
	que hoy en el río tuvistes,
	que hasta ver cómo volvistes,
	volver en mí no he podido.
	¿Cómo estáis? ¿Quitóse ya
	aquel alboroto?
Anarda	En mí
	nunca, príncipe, sentí
	lo que de entonces acá;
	que hizo en mí tal impresión
	el forastero atrevido,
	que presente lo he tenido
	siempre en la imaginación.
García (Aparte.)	(¡Ah, Dios! ¡Si fuese de amor!)
Anarda	Mas lo que me ha sosegado
	es pensar que aprisionado,
	como os supliqué, señor,
	lo tenéis, para que así
	no se vaya sin pagarme.
García (Aparte.)	(No es este efecto de amarme.
	Ya de mi engaño salí.
	Cuanto de mí se informó,
	fue por trazar su venganza,
	y mi engañosa esperanza

a favor lo atribuyó.)

Príncipe   De un yerro que cometí
                contra vos, hermosa Anarda,
                mi amor el perdón aguarda.

Anarda   ¿Cómo?

Príncipe   No os obedecí.

Anarda   ¿Luego sin pena quedó
                el forastero atrevido?

Príncipe   Y aun con premio bien debido
                las nuevas que me dio.

Anarda (Aparte.)   (¡Ay de mí!)

Julia (Aparte.)   (¡Perdida soy!)

Anarda   ¿Ésa es la fe y la fineza
                que le debí a vuestra alteza?
                Bien desengañada estoy.
                    ¡La primer cosa que pido,
                en que estribaba mi gusto,
                y más cuando era tan justo
                castigar a un atrevido,
                    no he podido merecer!

Príncipe   Vos lo causastes, por Dios,
                porque a vos solo por vos
                dejara de obedecer;
                    que como ser entendí
                vos causa de aquel exceso,

con que tan fuera de seso
de pena y celos me vi,
    quedé de gusto tan loco
con saber que me engañé,
que para albricias juzgué
ser todo mi reino poco.

Anarda	Obedecer es fineza.
(Aparte.)	(Muerta soy, si se ausentó.)
	Señor, mi tío tosió.
	Perdóneme vuestra alteza,
	que su recato y rigor
	me prohíbe este lugar.
Príncipe	Primero habéis de escuchar
	el descargo de mi error;
	que para que no culpéis
	del todo mi inobediencia,
	lo traigo a vuestra presencia
	a que vos lo castiguéis.
Anarda	¿Qué decís?
Príncipe	Que traigo aquí
	al forastero conmigo,
	sujeto a vuestro castigo.
Anarda	Aun podré pensar así
	que habéis mi gusto estimado.
García (Aparte.)	(En fin, ¿que perdón no espero
	de un error de forastero
	y de un furor de agraviado?)

Príncipe	Perdonad, por vida mía, pues lo conoce, su error.
Anarda	Cuando no al intercesor, a su humildad se debía.
Príncipe	Pues con eso, dueño mío, os obedezco en dejaros.
Anarda	Bien podéis, señor, estaros; que ya no tose mi tío.
Príncipe	¿Cómo es posible que tanto favor haya yo alcanzado?
Anarda (Aparte.)	(La fiesta habéis celebrado; mas habéis errado el santo.)
García (Aparte.)	(Que tiene al príncipe amor, bien claramente se ve. ¡Más necio yo! ¿Qué esperé, si es tal el competidor?)
Príncipe	¿Cómo, Julia, no me dais el parabién del favor?
Julia	Por no impediros, señor, cuando de Anarda gozáis.
Juan	A lo menos, por no dar con su voz gloria a mi oído.
Julia	Siempre, don Juan, habéis sido desconfiado en amar.

Juan	Eso tengo de discreto;
	y adiós, ingrata. Pluguiera
	que otra causa no tuviera
	un tan desdichado efeto.
García (Aparte.)	(Los dos aman a las dos.
	con tal liga y artificio
	seguro va el edificio.)
Anarda	¿Cómo trajistes con vos
	al forastero, señor?
	A quien mañana se irá,
	¿tan fácilmente se da
	noticia de nuestro amor?

(Doña Anarda habla aparte con doña Julia.)

	Así le pregunto, prima,
	del forastero el estado.
Julia	¡Qué bien tu intento has guiado!
Príncipe	No os tengo en tan poca estima,
	que lo que os ama mi pecho
	tan fácil le haya fiado.
	En mi servicio ha quedado.
	De mi cámara lo he hecho.
Anarda	¡Ah, Julia! ¡Dichosa soy!
Julia	Déjame, no me diviertas
(Aparte.)	de don Juan. (Sin que me adviertas,
	atenta a mi dicha estoy.)

García	Gente viene.
Príncipe	Anarda, adiós, que miro por vuestra fama.
Anarda	Así obliga quien bien ama.
Juan	Adiós.
Julia	Él vaya con vos.
Anarda	Caballero forastero, de que os quedéis en palacio con el príncipe, de espacio el parabién daros quiero.
García	Ya con eso lo recibo.

(Vanse las damas.)

Príncipe	Sin duda ha estado, García, en vuestra dicha la mía; que nunca en el pecho esquivo de Anarda, señal de amor, como aquesta noche, vi.
García (Aparte.)	(¿Mas si fuese para mí, sobrescrito a ti el favor?)
Príncipe	«Bien podéis, señor, estaros», dijo, queriendo partirme.
Juan	De que paga tu amor firme

ha dado indicios bien claros.

García (Aparte.)	(Cuando el príncipe le dijo que estaba presente yo, gusto de estarse mostró. Con justa razón colijo, pues antes irse quería, que yo su rémora he sido. Nueva esperanza ha nacido de la ya ceniza fría.)
Príncipe	Agora podéis contar, García Ruiz, lo que fue aquel ruido.
García	Llegué, pedí que diesen lugar a un amante; no quisieron, por más que rogué importuno; saqué la espada, herí al uno, y con aquello se fueron.
Príncipe	Mal hiciste. Cuando envío, Alarcón, a despejar, es por bien; no ha de costar sangre de vasallo mío.
García	No quiso por bien.
Príncipe	Dejallo.
García	El gusto vuestro estorbaba.
Príncipe	Menos mi gusto importaba

que la salud de un vasallo.

García   Yo erré por ser obediente.

Príncipe   Cerca estaba yo; volver
                y tomar mi parecer.
                Quien sirve ha de ser prudente.

(Vanse el Príncipe y don Juan.)

García   ¿En servir hay esta vida?
                ¿Esta gloria en la privanza?
                ¿En tan ligera mudanza
                hay tan pesada caída?
                   ¡Que haya sido error en mí
                lo que fineza juzgué!
                ¡Cuando la vida arriesgué
                por agradar, ofendí!
                   ¡Fuerte caso, dura ley,
                que haya de ser el privado
                un astrólogo, colgado
                de los aspectos del rey!
                   Hoy benévolo le vi,
                y hoy contrario vuelve a estar.
                Ganélo con no matar,
                y con matar lo perdí.
                   ¿Qué es esto? ¿Pruebas conmigo
                tus variedades, Fortuna?
                Hoy era don Juan de Luna
                mi más odioso enemigo;
                   hoy es ya mi amigo, y hoy
                yo mismo vida le di;
                hoy al Conde conocí,
                y ya su homicida soy.

Hoy vi a Anarda, y hoy la amé;
hoy creí que era querido,
hoy la esperanza he perdido,
y hoy a cobrarla torné.
    Hoy me vio el príncipe, y hoy
me vi al más sublime estado
de su favor levantado,
y ya derribado estoy
    en un infierno profundo
de temor y de ansia fiera.
¡Paciencia! De esta manera
son Los favores del mundo.

(Vase don García. Salen don Diego, doña Anarda y doña Julia.)

Diego   Enemigas, ¿es razón
                 que así la fama perdáis,
                 y la heredada opinión
                 de Pacheco y de Girón
                 en tal vil precio tengáis?
                    ¿Es bien que el Conde atrevido
                 me diga en mis propias canas,
                 cuando voy a verle herido,
                 que mis sobrinas livianas
                 la causa del daño han sido?

Anarda   ¿Nosotras?

Diego   Vosotras, pues.

Anarda   De desangrado, delira.

Diego   Pues si la causa es mentira,
                 por lo menos verdad es

77

el efeto de su ira.
    Dice que él no conoció
ni ha dado ocasión a quien
en nuestra calle le hirió;
mas al menos sabe bien
que de esta causa nació.
    Y así sus deudos conjura,
y en nuestra sangre agraviado
vengar su herida procura,
si tu mano no le cura
la que en el alma le has dado.
    Bien sabes tú que en nobleza
nadie le excede en España.
De su estado la riqueza
es notoria, que acompaña
con gala y con gentileza.
    Ablanda, sobrina, el pecho,
sin razón duro y extraño;
busca el gusto en el provecho;
remedie la mano el daño
que el hermoso rostro ha hecho.

Anarda   Ya no puedo, noble tío,
a un intento tan injusto
dejar de oponer el mío;
que es castigar en mi gusto
el ajeno desvarío.
    Si él de mí se enamoró,
y yo lo he desengañado,
¿qué ley me obliga al pecado,
que no solo no hice yo,
mas antes lo he repugnado?

Diego   Nunca, sobrina, he creído

que al daño diste ocasión;
mas tu hermosura lo ha sido,
y a mil sin culpa han traído
sus gracias su perdición.

   Que no tienes culpa digo;
mas si casarte procuro,
no tu inocencia castigo;
a estorbar el mal futuro,
es solo a lo que te obligo.

Anarda   Señor don Diego, ¿mi tío
da tan cobarde consejo?
Bien se ve que el pecho frío
al brazo cansado Y viejo
niega el heredado brío.

   ¿Morir no será mejor,
que no que Mauricio diga,
en mengua de vuestro honor,
que a sus gustos nos obliga
de sus armas el temor?

   ¿Somos Girones, o no?
¿Hanos el valor faltado?
¿Estoy sin parientes yo?
¿Quién en Castilla a un criado
de mi casa se atrevió?

   Y si en tan justa ocasión
no quisieran defender
nuestros deudos su opinión,
yo basto; que aunque mujer,
soy en efeto Girón.

Diego   ¿Estás loca? ¿Qué es aquesto?
¿Piensas que es valor tener
ese brío descompuesto?

Solo el proceder honesto
es valor en la mujer.
    Deja ya vanos antojos,
y admite este pensamiento,
o para acabar enojos,
metiéndote en un convento,
te quitaré de los ojos.

Anarda   Vos no sois más que mi tío,
y ni aun un padre en razón
puede forzar mí albedrío.
Casamiento y religión
han de ser a gusto mío.

(Vase doña Anarda.)

Julia   Lo que dice Anarda es justo;
que solo en tomar estado
es tirano fuero injusto
dar a la razón de estado
jurisdicción sobre el gusto.

(Aquí baja la voz y habla a don Diego, como temiendo que Anarda escuche.)

              No es sino mucha razón
remediar el mal que viene;
mas de la ciega afición
que Anarda al príncipe tiene,
nace su resolución.
    Que como Mauricio ya
de este amor viene advertido,
temerosa Anarda está
de que siendo su marido,
de Madrid la sacará;

y como liviana intenta,
del príncipe enamorada,
hacer a su sangre afrenta,
procura verse casada
con quien lo ignore o consienta.
Otros remedios habrá;

(Alza la voz.)   que casarse de este modo
deshonor nuestro será.

(Baja la voz.)   Dale cuenta al rey de todo,
que él el casamiento hará.
Calla y remedia discreto,
pues yo con esta invención
te descubro su secreto,
sin ponerla en ocasión
de que me pierda el respeto.
Y ella imaginando así
que ayudo sus pensamientos,
no se guardará de mí,
y de todos sus intentos
seré espía para ti.
Agora riñe conmigo,
para ayudarme a engañarla.

Diego   Si no hiciere lo que digo
Anarda, será ausentarla
de Madrid justo castigo.

Julia   Si la razón excedieres,
justicia nos hará el rey.

Diego   ¿Tú también mi afrenta quieres?

Julia   Quiero lo que es justa ley.

Diego
ยิ Ay de honor puesto en mujeres!
Pues lo que quiero ha de ser
o morir quien lo estorbara.
Un monte querrá mover
el que por fuerza intentara
reducir una mujer.

(Vase don Diego.)

Julia
Con esto, Alarcón, procura
mi amor de Anarda apartarte,
que en alguna coyuntura
alcanza el ingenio y arte
lo que no amor y ventura.
Callando el dolor que siento,
disponer mi dicha quiero;
que es prudente pensamiento
quitar estorbos primero
que descubrir el intento.

(Sale Anarda.)

Anarda
¿En qué paró, prima mía?

Julia
¡Pues qué! ¿No nos escuchabas?
Que bien a gritos reñía.

Anarda
Tal vez la voz moderabas,
y entonces no te entendía.

Julia
Entonces con falso pecho,
porque se fíe de mí,
de mi lealtad satisfecho
don Diego Girón, de ti

murmuraba en tu provecho.
Mil defetos le decía
de tu extraña condición,
y modos le proponía
con que reducir podría
a la suya tu intención

Anarda   Un ejemplo de amistad
                          miro en ti.

Julia (Aparte.)   (El mejor engaño
                          es con la misma verdad.)

Anarda   Ya el remedio de este daño
                          resuelve mi voluntad.

Julia   ¿Cómo?

Anarda   A llamar he enviado
                          el valiente forastero,
                          y de que a tomar estado
                          me resuelvo, darle quiero
                          para el príncipe un recado.
                             Que con aquesta ocasión
                          darle mi amor solicita
                          a mi querido Alarcón
                          los indicios que permita
                          mi honesta reputación.
                             Y tú, quedándote aquí
                          sola con él, le dirás,
                          como que sale de ti
                          y que de su parte estás,
                          el amor que reina en mí.
                             Que pues la ocasión convida,

goce de ella, y a su alteza
en casamiento me pida;
y dile tú la firmeza
con que tengo defendida
   del príncipe y de Mauricio
mi honestidad, pues lo sabes;
porque a un celoso juicio
le ha de obligar el indicio
de pretendientes tan graves.

Julia   Yo del príncipe imagino
que tu intento ha de estorbar.

Anarda   Diréle que determino
casarme, por allanar
a sus gustos el camino;
   porque, de otra suerte, intenta
los cielos atrás volver;
y así es fuerza que consienta
en mi intento, por tener
fin del mal que le atormenta.
   Que aunque él es tan poderoso,
si a un hombre de tal valor
tengo, prima, por esposo,
no será dificultoso
el defenderle mi honor.

Julia   Tu agudo ingenio bendigo.

Anarda   Todo es cautelas amor.

Julia (Aparte.)   (Y así las uso contigo.
No hay enemigo peor
que el que trae rostro de amigo.)

(Sale Inés.)

Inés   El amo de Hernando quiere
                 licencia de verte.

Anarda   Inés,
                 mientras conmigo estuviere,
                 es bien que al balcón estés,
                 por si mi tío viniere.

(Vase Inés.)

Julia   ¿Iréme?

Anarda   Ponte en lugar
                 donde la plática entiendas;
                 que habiéndome de ayudar,
                 es bien que sepas las sendas
                 por donde has de caminar.

Julia (Aparte.)   (A ejecutar mi intención.)

Anarda   Y advierte en el artificio
                 con que en aquesta ocasión,
                 sin ofender mi opinión,
                 le doy de mi amor indicio.

(Apártase Julia y espía desde un lado. Salen don García y Hernando, de camino.)

García   Dadme, Anarda, los pies.

Anarda   Poco es la mano

a tan valiente y noble caballero.
¡De camino venís!

García   Búscase en vano
firmeza en bien del mundo lisonjero,
y el que en la voluntad de un hombre humano
libra sus dichas, ha de estar primero
apercibido para la mudanza
que del favor admita la esperanza.
 Ayer, ya vos sabéis por qué camino,
hallé fácil al cielo la subida.
¡Mentirosa amistad de mi destino!
¡Traidora prevención de la caída!
La humilde vara en levantado pino
fue con súbito aumento convertida,
porque del viento airado a la violencia
diese efecto mi propia resistencia.
 Aquel alto lugar que ayer tenia,
perdí, señora, anoche. Sabe el cielo,
que por fineza más que culpa mía,
que tengo en mi conciencia mi consuelo.
Cuando pensé que al mismo Sol subía,
con todo el edificio di en el suelo.
Erré, mas no pequé. Soy castigado;
que es con el rey un yerro gran pecado.
 Miróme disgustado, reprendióme
severo, y las espaldas volvió esquivo,
y entrándose en su cámara, dejóme
fuera de ella y de mí, sin alma y vivo.
No sé cuál medio en tal extremo tome:
a entrar o a estarme en vano me apercibo,
como al que sueña toros, hace el miedo
que ni pueda correr ni estarse quedo.
 Al fin, sin verle a mi posada vuelvo;

que es, aunque sin razón, príncipe airado.
La noche toda en confusión me envuelvo,
sin atreverse el sueño al gran cuidado;
y, al fin, en ausentarme me resuelvo,
y el cuerpo huyendo al peligroso estado
y a la inquietud de la ambición sedienta,
vivir con mis vasallos y mi renta.
 Y hoy, cuando a visitaros ya partía,
por despedirme, Anarda, y disculparme,
llegó un recado vuestro que podría,
a ser Sol fugitivo, repararme.
Viene obediente el que cortés venía.
Mandadme liberal para obligarme,
que da pidiendo vuestra gran belleza,
y es dejaros servir vuestra largueza.

Anarda	Señor García Ruiz, desdicha grave

siempre tocó al mayor merecimiento.
Si rodó la Fortuna, ¿quién no sabe
que solo en ser mudable tiene asiento?
Lo que yo admiro, y en razón no cabe,
es solo vuestro poco sufrimiento;
que ¿quién pensara que faltar podía
gran fortaleza a grande valentía?
 A suerte desigual, igual semblante.
Es propia acción de pechos valerosos
animoso emprender; sufrir constante
consigue los laureles vitoriosos.
No al primero desdén huya el amante;
grandes los bienes son dificultosos.
Poco al príncipe amáis, oso decirlo,
pues pretendéis servirle sin sufrirlo.

García	¿Poco es perder la vida por su gusto?

Anarda	Sufrirlo es menos, y impaciente os hallo.
García	Un injusto rigor sufrir no es justo.
Anarda	A ser justo, ¿qué hicierais en llevallo?
	Y debéis advertir que si es injusto,
	ausentaros será justificallo.
	Ponerse del juez en la presencia
	es el mejor testigo de inocencia.
	No os vais, García Ruiz, o por lo menos
	pensadlo bien primero; que seguirse
	prueban mil libros de sentencias llenos,
	presto arrojarse y presto arrepentirse.
	Ved a su alteza; que los hombres buenos
	no se ausentan del rey sin despedirse.
García	A despedirme de él por vos venia.
Anarda	¿Yo qué poder del príncipe tenía?
García	¡Feliz quien tal ingenio y beldad ama!
Anarda	No, no, lisonjas no, que no os las creo;
	que yo supe que ayer a cierta dama
	centellas envió vuestro deseo;
	y hoy de la ardiente repentina llama,
	pues queréis ausentaras, libre os veo.
	¿Múdase tal varón en un instante,
	y culpa a la Fortuna de inconstante?
García	Al que muda con causa de consejo,
	no puede darse nombre de liviano.

Anarda	No me satisfagáis, que no me quejo.
García	¿Tiráis la piedra y escondéis la mano? Dios sabe, si tan alta empresa dejo, que un poder me ha oprimido soberano.
Anarda	Contra amor firme no hay poder bastante.
García	Préciome de leal, si de constante. Si a quien debo lealtad, esa persona quiere, ¿será razón que yo prosiga?
Anarda	En el amor es yerro, y se perdona lo que sin él, traición que se castiga, y el diferente fin la acción abona del vasallo a quien más la ley obliga; que si casarse intenta, nada ofende al señor que gozar solo pretende. No digo que lo hagáis; que es causa ajena. Allá con vos las haya la ofendida; solo probaros quiero que la pena tenéis, que os da Fortuna, merecida. Pecáis mudable, y por castigo ordena otra mudanza, mal de vos sufrida. Firmeza aprended en vuestro intento, o en ajenas mudanzas sufrimiento.
García	¿Si como firme os amo?
Anarda	Si pensara que yo de vuestro amor era el objeto, ofendida de vos no os escuchara, que la mudanza es falta de respeto. Quien una vez conmigo se declara,

tal debe estar del amoroso efeto,
que por lealtad, honor, premio o castigo,
ha de romper hasta casar conmigo.
    ¡No! Bien sé que otra amáis, o lo he creído;
    que a pensar que era yo, disimulara,
por no dar ocasión a que, atrevido,
vuestro pecho su amor me declarara;
mas siempre cortesana ley ha sido
decir lisonjas y alabar la cara.
Si por eso lo hacéis, yo más querría
tosca verdad, que falsa cortesía.

García   Si es la verdad grosera, soy grosero.

Anarda   ¡Basta! Mirad que el príncipe me ama.

García   Peco si intento, pero no si os quiero.

Anarda   Amor da intentos como el fuego llama.
Decir amo es intento verdadero;
que a recíproco amor el amor llama.

García   El fin diverso abona mis acciones.

Anarda   No son para conmigo mis lecciones;
    para con la quie amáis os las he dado.
Bien sé que otra os ocupa el pensamiento,
que a ser yo vuestro amor, dichoso estado
le daba la ocasión a vuestro intento;
pues para lo que ahora os he llamado,
es para que tratéis mi casamiento
con el príncipe vos. Si habéis de verlo,
direos la causa que me obliga a hacerlo.

García	Por fuerza os he de obedecer, señora.
Anarda	Sabed que está Mauricio, el Conde, herido y dice que si bien la mano ignora, sabe que yo la causa de ello he sido, y puesto que me iguala y que me adora, me resuelva a admitirle por marido, o que contra mi sangre verá España salir todos sus deudos a campaña. 　Yo aborrezco a Mauricio, y si le amara esta amenaza que a mi sangre ha hecho, a no darle la mano me obligara; que no se rinde el gusto a su despecho. En favor de Mauricio se declara mi tío, que procura su provecho. el príncipe, que tanto amarme jura, muéstrelo en remediar mi desventura. 　Que pues su alteza no ha de ser mi esposo y querer mi deshonra es no quererme, es en esta ocasión lance forzoso buscar quien pueda honrarme y defenderme. Por si resiste el príncipe amoroso, de vuestra autoridad quise valerme. Vos persuadidle, y advertid, García, que en vuestra voluntad dejo la mía.

(Hace que se va doña Anarda, y al entrarse se encuentra y queda hablando con doña Julia.)

García (Aparte.)	(¡Con cuán honestas señales Anarda en esta ocasión me ha mostrado su afición!)
Anarda	Dile tú agora mis males.

(Vase doña Anarda. Sale doña Julia.)

García (Aparte.)   (¡Dichoso mil veces yo!)

Hernando   ¿Ya se pasó la tristeza
del enojo de su alteza?

García   Con tal trueque, ¿por qué no?
    Cuando en tal privanza estoy,
¿qué importa la que he perdido?
Haz cuenta que ya marido
de la hermosa Anarda soy.

Hernando   ¿Tan presto?

García   Ella misma ha abierto
a mis intentos lugar.

Hernando   ¿Quién creyera en tanto mar
que estaba tan cerca el puerto?

Julia   Caballero forastero...

García   Bella cortesana...

Julia   Oíd.
Por forastero en Madrid,
un consejo daros quiero.
    No tengáis a poco seso
que sin pedirlo os le doy,
porque disculpada estoy
con lo que en darle intereso.
    Anarda, según he oído,

poder de casarla os dio,
y a Mauricio os declaró
que no quiere por marido.
　　La causa os diré, y así
vos de ella coligiréis
lo que en esto hacer debéis,
y lo que me mueve a mí.
　　Soy su prima, y de su amor,
secretaria; mas agora
soy a su amistad traidora
por ser leal a mi honor.
　　Por su alteza Anarda muere,
y como ya el Conde herido
de este amor está advertido,
por esposo no lo quiere;
　　que a impedir es poderoso
la infamia que Anarda intenta,
y a quien lo ignore o consienta
quiere tener por esposo.
　　De aquí podéis entender
lo que me va en no callar,
si vos debéis mirar
a quién la dais por mujer.

(Vase doña Julia.)

García　　　　¿Qué es aquesto, cielo eterno?
¿Soy yo aquél que agora fui?
¿De un paso al cielo subí,
y de otro bajé al infierno?
　　Agora tuve delante
la gloria por quien suspiro,
y en medio en un punto miro
mil montañas de diamante.

El que a tal nació sujeto,
¿qué perdiera en no nacer?

Hernando   ¿Qué te ha dicho esta mujer?

García   ¿No te lo ha dicho el efeto?
Un desengaño.

Hernando   Fortuna
nos da su retrato en ti.
Agora pisar te vi
con los mismos pies la Luna,
y ya en el centro profundo
de dolor y rabia fiera.

García   ¡Paciencia! De esta manera
son los favores del mundo.

Fin de la segunda jornada

Jornada tercera

(Salen don Juan y Julia.)

Juan
Su alteza, que por mandado
del rey, a Toledo parte,
de Anarda quiere encargarte
en esta ausencia el cuidado.

Julia (Aparte.)
(Ocasión me da con esto
para esforzar mi invención.)
En estrecha obligación
hoy el príncipe me ha puesto
que pues de mí se confía,
guardarle debo amistad,
y el decirle la verdad
corre ya por cuenta mía.

Juan
Habla, pues.

Julia
Dile que vea
que al forastero Alarcón
tiene mi prima afición,
y ser su esposa desea.
Si lo consigue, su alteza
se puede dar por perdido,
que da el amor del marido
a la mujer fortaleza.
No hay que esperar si se casa
con hombre de tal valor
y que sabe ya el amor
en que el príncipe se abrasa.
Ella dirá que desea
casarse, por allanar

el camino y dar lugar
al príncipe. No la crea,
  que es engañoso artificio
y ha de resistir después.

Juan   Pues tu consejo ¿cuál es?

Julia   Que la case con Mauricio,
  a quien da en aborrecer
Anarda; que de ofendido
está muy cerca el marido
que aborrece la mujer.

Juan   Y Mauricio, ¿no es honrado,
y a guardar su honor bastante?

Julia   De este intento está ignorante.
Nada puede un descuidado.

Juan   ¿Sabes si el Conde querrá?

Julia   Sé que por Anarda muere.

Juan   ¿Pues cómo, de que la quiere
el Príncipe, ajeno está?

Julia   Su alteza es tan recatado
que nunca el Conde Mauricio
tuvo de su amor indicio;
tú solo celos le has dado
  con tus rondas y paseos.
Mas eso no ha de estorbarle,
pues cesa con declararle
que causo yo tus deseos.

Juan	Si el Conde está sospechoso, ha de pensar que es enredo.
Julia	Pues quitarémosle el miedo con que seas tú mi esposo.
Juan	¿Qué dices? ¿Tan gran favor he merecido de ti?
Julia	¿No es tiempo que obren en mí tus méritos y tu amor?
Juan	¡Dulce fin de tantos daños!
Julia (Aparte.)	(Anarda la mano dé al Conde, que yo sabré usar contigo de engaños.)
Juan	Su alteza, mi bien, me espera.
Julia	¿Hasme de olvidar, don Juan?
Juan	Antes, Julia, olvidarán las estrellas su carrera.
Julia	De tu ausencia y mi tristeza, ¿cuándo el fin tengo de ver?
Juan	Esta noche he de volver por la posta con su alteza.

(Don Juan hace que se va.)

Julia (Aparte.)   (Bien engañado lo envío.
Mas, ¡ay! ¿Si se va Alarcón
a Toledo? Una invención
remedie el tormento mío.)
    Don Juan.

(Vuelve don Juan.)

Juan   Señora.

Julia   Oye.

Juan   Di.

Julia   Mira que es inconveniente
que García-Ruiz se ausente
en esta ocasión de aquí,
    que examinar su intención
con cautela es acertado;
que si paga, enamorado
de mi prima, su afición,
    tales cosas le diré,
que aborrezca a la que estima,
y despechada mi prima
al Conde la mano dé.

Juan   Dirélo al príncipe así.
Loco voy con tu favor.

(Vase don Juan.)

Julia   ¡En qué laberinto, Amor,
me voy entrando tras ti!
    A don Juan he dicho agora

que está Mauricio ignorante
de que es el príncipe amante
de Anarda; y que no lo ignora
dije a don Diego, mi tío.
Con sus intenciones varias,
y por dos causas contrarias
a un mismo efeto los guío.

(Sale don Diego.)

Diego   Ya, Julia querida, he dado
cuenta al rey de nuestro intento,
y que el príncipe al momento
de Madrid salga, ha mandado.

Julia   ¿Y en lo que a Mauricio toca?

Diego   Que o la mano le dará,
o en un convento tendrá
justo castigo esa loca.

Julia   Yo haré con tal artificio
lo que tu pecho desea,
que el mismo príncipe sea
quien la case con Mauricio.

Diego   De remediar nuestro honor
tengo justa confianza
en lo que tu ingenio alcanza.

Julia (Aparte.)   (Di en lo que alcanza mi amor.)

(Vanse don Diego y Julia. Salen el Príncipe, con botas, y Gerardo, con las
espuelas, para ponérselas. Luego dos pajes.)

Príncipe	Acaba, que me tienes ya cansado.
Gerardo (Aparte.)	(En quemar la materia más cercana
	al fuego imita un príncipe enojado.)
Príncipe	Ponlas, acaba. ¡Cuán de buena gana
	con ellas las entrañas le rompiera
	al que pena me dio tan inhumana!

(Sale un Paje.)

Paje	Ya apercibido el carruaje espera.
Príncipe	Pues, ¿quién te lo pregunta?
Paje	Vuestra alteza
	mandó que en siendo tiempo lo dijera.
Príncipe	No obedecerme fuera más fineza,
	que el discreto no da, sin ser forzado,
	nuevas que sabe que han de dar tristeza.

(Sale el segundo Paje.)

Paje II	A vuestra alteza aguarda aderezado
	el almuerzo, señor.
Príncipe	Todos entiendo
	que os habéis a matarme conjurado.
	Necio, a quien de la vida está partiendo,
	¿qué gusto puede darle la comida?
	Que es, amando, partir, vivir muriendo.
	Idos de aquí, dejadme; que la vida

me sobra, pues me falta la paciencia.
¡Ay, antes muerta gloria que nacida!
El favor vino anoche, y hoy la ausencia,
porque tenga en la misma medicina
materia más copiosa la dolencia.

(El primer Paje habla aparte con el Príncipe.)

Paje I   Agora entra Alarcón.

Paje II   Él no imagina
que está el mar por el cielo.

Paje I   ¿Llegar osa?
Corre Faetón a su fatal ruina.

(Sale don García.)

García   Si acaso vuestra mano poderosa,
deL justo enojo de mi error causado,
ha envainado la espada rigurosa,
    merézcala besar quien, humillado,
en cambio de él, señor, la sangre ofrece
que en el servicio vuestro ha derramado.

Príncipe   Alzad, García Ruiz, y si os parece
que yo estuve enojado, yerro ha sido;
que vuestro amor leal no lo merece.
    Sabiendo que un vasallo estaba herido
por mi causa, aquel justo sentimiento
de lastimado fue, no de ofendido.
    Decir que errastes fue un advertimiento
y regla de servirme, no castigo,
que sé que no hay pecado sin intento;

graves razones son las que conmigo
os dieron de amistad el nudo estrecho.
No levemente pierdo un buen amigo.
    Sabréis, de hoy más, de mi piadoso pecho
la condición. Jamás de ajeno daño
quiero que nazca mi mayor provecho.

(Gerardo habla aparte con los pajes.)

Gerardo   Ved de quien sirve el claro desengaño.
                      Aquí nos anegamos, y en bonanza
                      da al viento aquí esta nave todo el paño.

Paje I   ¿Quién creyera tan presto tal mudanza?

Paje II   Merécela Alarcón.

Paje I   Bueno es ser bueno;
                      mas no el honrado, el venturoso alcanza.

(Vanse Gerardo y los dos pajes.)

Príncipe   Tratemos de mis males; que estoy lleno
                      de rabia y de dolor, y el pecho mío
                      se enciende en furia de mortal veneno.
                      Hoy de mi Anarda ese caduco tío
                      al rey de mis intentos se ha quejado.
                      Vuestro yerro causó tal desvarío.
                      Mauricio fue el herido; han sospechado
                      que por mi voluntad, y que a Toledo
                      parta al punto mi padre me ha mandado.
                      ¿Cómo ausente de Anarda vivir puedo,
                      si aunque presente estoy, muriendo vivo?

García	Si tu amor firme o tu celoso miedo
	remedio alcanzan de tu mal esquivo
	posible, huya el dolor, la pena olvida,
	pues que yo a ejecutarlo me apercibo.
	Lo que mi brazo erró, enmiende mi vida,
	que desde que empezó, por justa herencia,
	está por ti a perderse apercibida.
	Para seguirte en esta triste ausencia
(Aparte.)	las espuelas calcé. (Callo mi intento,
	pues la misma ocasión da la advertencia.)
	La vida sigue el mismo pensamiento.
	Traza, resuelve, manda; que no siente
	imposible mi fiel atrevimiento.
Príncipe	Vuestra lealtad, que al Sol resplandeciente
	su luz opone, alivia mi tormento;
	y así, mientras de Anarda peno ausente,
	en prendas quedaréis de mi firmeza,
	que ser Argos de Anarda es gran ventura,
	por mirar con cien ojos su belleza.
García (Aparte.)	Premiáis mi amor. (Aquí la suerte dura
	el resto echó. ¡Por cuidadosa guarda
	quedo yo contra mí de su hermosura!)
	Un recado, señor, la hermosa Anarda
	me ha dado para ti.
Príncipe	¿Cómo, García,
	tanto tu lengua en referirlo tarda?
García	Porque no solicita tu alegría,
	y a no obligar la ley de buen criado,
	con el silencio más te serviría.

Príncipe	Habla ya, que el temor me ha atormentado más que la nueva puede.
García	Tu mal siento, si bien en tu valor voy confiado, porque es el toque de él el sufrimiento.

(Hablan en voz baja. Salen don Juan y Gerardo. Los dos hablan a la puerta de la cámara.)

Gerardo	Como el toro, a quien tiró la vara una diestra mano, arremete al más cercano sin buscar a quien le hirió, su alteza, con el dolor que esta nueva le ha causado, en nosotros ha vengado los agravios de su amor. Mas en entrando Alarcón, o de amor, o de respeto, serenó el airado aspeto y mudó la condición.
Juan	Bien sabe Garci Ruiz merecer tanto favor.
Gerardo	Merece con el señor quien tiene estrella feliz.
Príncipe	¿Que le dé marido yo?
García	Así lo dice.
Príncipe	¡Ah, García!

En mi loco amor confía
quien tal recado envió.
     ¡Ah, cielo! ¡Yo le he de dar
a la que adoro marido!
Cuánto corta en un rendido
la espada, quiere probar.
     ¡Anoche el favor primero,
y hoy desengañarme así!

García (Aparte.)   (Que fue el amor para mí,
de todo con causa infiero.
     Pero ¿cómo puedo, ¡ay, triste!,
merecer por dulce esposa
mujer tan noble y hermosa,
y que a un príncipe resiste?)

Príncipe   ¿Qué haré?

García   En casos de amor
nunca supe dar consejo.

Príncipe   Vos, pues en la corte os dejo,
con vuestro seso y valor
     divertidla de ese intento,
encarecedle mi pena,
mientras el remedio ordena
mi afligido pensamiento.

García   Dos imposibles, señor,
me encargas.

Príncipe   Tal caballero
para tales casos quiero.
Caballerizo mayor...

(Arrodillándose don García.)

García   De Alejandro es vuestra alteza
              envidia.

Príncipe   Alzad, pues. Don Juan,
              ¿calláis?

Juan   Callando se dan
              nuevas que son de tristeza.

Príncipe   ¿Qué hay de Julia?

Juan   Ya la vi.

Príncipe   No temáis, que de Alarcón
              sé ya la resolución
              de mi Anarda contra mí.
                Ya sé que se determina
              casarse esa cruel.

(Don Juan habla aparte con el Príncipe.)

Juan   ¿Luego ya sabréis que es él
              a quien Anarda se inclina?

Príncipe   ¿Quién?

Juan   Repórtate.

Príncipe   Acabad,
              que el alma en furor se abrasa.

Juan	Oye, señor, lo que pasa,
	si Julia dice verdad.

(Hablan bajo el Príncipe y don Juan.)

Gerardo	De la merced que os ha hecho
	el príncipe, alegre os doy
	un gran parabién.

García	Yo estoy
	de vuestro amo satisfecho;
	pero podéis persuadiros
	que nada os quedo a deber,
	y cuanto tenga ha de ser,
	Gerardo, para serviros.

Gerardo	Vuestro valor al deseo
	da seguras esperanzas.

García (Aparte.)	(Tocando estoy las mudanzas
	de mi suerte, y no las creo.
	¿Quién, del infelice estado
	en que hoy se vio mi ventura,
	creyera que a tanta altura
	hoy me viera levantado?)

Príncipe	¡Tal maldad! ¡Viven los cielos,
	que he de hacer!

Juan	Señor, detente.

Príncipe	¿Quieres que el volcán reviente,
	y el mundo abrasen mis celos?
	¡Alarcón...!

Juan	Que adviertas, ruego a su gran valor.
Príncipe	Salid al momento de Madrid!
García	¿Para adónde?
Príncipe	¡Salid luego, y cuanto más lejos vais, me daré por más servido!
García	Señor...
Príncipe	Ya estoy ofendido de que partido no hayáis!

(Don García se retira.)

García (Aparte.) (¿Qué es esto, suerte importuna?
¿Así el favor desvanece?
¡Vive el cielo, que parece
que está loca la Fortuna!
     ¿Qué le habrá dicho don Juan?
Mas de don Juan, ¿qué recelo,
si estas mudanzas del cielo
ciertos avisos me dan,
     haciéndome sin segundo,
ya en el bien y ya en el daño,
del engaño y desengaño
de Los favores del mundo?)

(Vase don García.)

108

Juan	Dame para hablar licencia,
	ya que Alarcón se ha partido.
Príncipe	¿Qué quieres? ¿Dirás que ha sido
	poco humana mi sentencia,
	siendo tanta la ocasión?
Juan	Si a eso miro, fue piadosa,
	señor, pero rigurosa,
	si miro a tu condición;
	que desconozco el rigor
	en quien es la mansedumbre
	naturaleza y costumbre.
Príncipe	¿Qué no harán celos y amor?
	Tan otro soy del que fui,
	con sus efetos violentos,
	que extraño mis pensamientos,
	y no me conozco a mí.
Juan	De que no sientas no trato,
	donde es tanta la ocasión;
	mas da un rato a la razón,
	pues diste al enojo un rato.
	Confesado me ha tu alteza
	que es violento ese accidente;
	lo violento fácilmente
	vuelve a su naturaleza.
	¿En qué diferencia pones
	a ti y a un hombre vulgar,
	si así te dejas llevar
	del furor de tus pasiones?
	Cualquiera, señor, es sabio

donde no hay dificultad;
la mansedumbre y piedad
se tocan en el agravio.

    La fiera borrasca muestra
si es el piloto prudente,
y el jinete en potro ardiente
fuertes pies y mano diestra.

    Ésta es la misma ocasión
que debiera desear
tu alteza, para mostrar
su piadosa condición,

    y más donde el condenado
ser inocente podría,
que hasta agora de García
no sabemos si ha pecado.

    Julia solo el pensamiento
de Anarda me ha referido,
pero no que él haya sido
cómplice de aqueste intento.

    Y la primera advertencia
que Julia en esta ocasión
me hizo, fue que Alarcón
no te siga en esta ausencia,

    que cautamente sabrá
de él si a tu enemiga estima;
y siendo así, de su prima
tales cosas le dirá,

    que la desdeñe injurioso,
para que ella desdeñada,
de su amor desesperada,
quiera al Conde por esposo.

    Que mientras tenga esperanza
de que él su amor corresponde,
no hay pensar que verá el Conde

en sus rigores mudanza.

Príncipe   Es agudo pensamiento.

Juan   Con amor y con lealtad
te sirve, y la voluntad
da fuerza al entendimiento.
   Demás de esto, considera
que sabiendo tu afición,
no se casará Alarcón,
aunque, querido, la quiera.
   Y por un leve temor
que asegura su nobleza,
no ha de pagar mal tu alteza
a un hombre de tal valor.
   Ni permitas que Alarcón
me tenga por falso amigo,
pues de lo que hablé contigo
vio nacer tu indignación;
   con que es forzoso entender
que ingrato y villano soy,
pues quito tu favor hoy
a quien vida me dio ayer.
   Bien temí yo tu castigo
cuando te daba el recado;
mas la ley de buen criado
venció a la de buen amigo.
   Esto ha de bastar, señor,
a que tomes otro acuerdo,
si mis servicios no pierdo,
si no me engaña tu amor.

Príncipe   Digo que me has convencido,
y de haberlo desterrado

                    estoy, don Juan, lastimado,
                    cuanto más arrepentido.
                       Abrázame; que es razón
                    dar premio a tu gran nobleza,
                    y por ver esta fineza,
                    estimo aquesta ocasión.

Juan   Por tal dueño poco es dar
                    la sangre, vida y honor.
                    Dame licencia, señor,
                    de que lo vaya a alcanzar.

Príncipe   Será, don Juan, darle indicio
                    de liviana condición.

Juan   Fía tu reputación
                    de mi ingenioso artificio.

Príncipe   Como la ocasión no pueda
                    colegir que esto ha causado,
                    a lo que le he encomendado
                    le di que en la corte queda.

Juan   ¿Partes luego?

Príncipe   Ya el rigor
                    de mi airado padre ves.

Juan   Para alcanzarte, a mis pies
                    dará sus alas mi amor.

(Vase don Juan. Salen Gerardo, los dos pajes y otros criados.)

Príncipe   ¿Puedo partir?

Gerardo	A tu alteza todo aguarda apercibido.
Príncipe	¿Quién duda que estás sentido, Gerardo, de mi aspereza?
Gerardo	Solo tus pesares siento.
Príncipe	¡Ah, Gerardo! No te espante; que es pluma leve un amante, y celos y amor el viento. Alégrete este rubí,
(Dale una sortija.)	si por mi causa estás triste. Y tú, pues que me sufriste lo que sin razón reñí,

(Da al Paje otra sortija.)

> con este diamante, Otavio,
> publica tu sufrimiento;
> y a ti, el arrepentimiento
> que tengo ya de tu agravio,

(Da a otro una cadena.)

> te diga aquesa cadena,
> que me confiesa obligado.

Paje I	Aumente el cielo tu estado.
Gerardo	Alivie Anarda tu pena.
Paje I	A su curso natural

el río presto volvió.

Gerardo   ¿Quién a príncipe sirvió
               tan piadoso y liberal?

(Vanse todos. Salen don García y Hernando de camino.)

García   ¿Cómo está el Conde?

Hernando   No es nada.
               ¿Un piquete siente así?
               Como es señor, es de vidrio,
               y está su vida en un tris.
               Tiene en la tabla del brazo
               una sangría sutil;
               que la manga de la cota
               no le llegaba hasta allí.
               Una vena le rompiste;
               desangrábase, y así
               se desmayó; ya está bueno,
               y ha pedido de vestir.

García   Huélgome. ¿Vienen las postas?

Hernando   Ya comenzaba a subir
               el postillón, batanado
               en el angosto rocín.

García   Mucho tarda a mi deseo.

Hernando   ¿Esto es irte, o es huir?

García   ¡Fuego de Dios en amores
               y privanzas de Madrid!

Hernando	¿Esos dos polos quisiste
	con tus dos manos asir?
	A entrambos pierde de vista
	el ingenio más sutil,
	y el que más alcanza, dice
	que ha de conservarse aquí
	Ganimedes con embuste,
	y con dinero Amadís.
	Anda en cueros por las calles
	despreciado el dios Machín,
	y como se ve tan pobre
	y ciego, ha dado en pedir.
	En amaneciendo dios,
	ya en chinela, ya en chapín,
	de los nidos salen bandas
	de busconas a embestir,
	todas buscando el dinero,
	no al galán sabio o gentil.
	Quien no tiene, es un demonio,
	y quien tiene, un serafín.
	Ninguno cumple deseo,
	si bien lo adviertes, aquí;
	que el pobre jamás llegó
	de sus intentos al fin;
	y el rico, si no desea,
	¿cómo lo puede cumplir?
	Porque antes de desear
	alcanza el rico en Madrid.
	Sin estos inconvenientes,
	considero yo otros mil,
	que es un asno el que en la corte
	con ellos quiere vivir.
	Un lencero, ¿a quién no mata

con un cuerpazo hasta allí,
dando voces como truenos,
que hacen los perros huir?
¿A quién no cansa un barbón
con un tiple muy sutil,
lastimero y recalzado,
diciendo: «Hilí portuguí»?
¿Quién sufre un burro aguador,
que me sabe distinguir
a mí de un poste, y se aparta
del poste, y me embiste a mí?
¿Quién sufre un cochero exento,
cuya lanza cocheril
rompe más entre cristianos
que entre moros la del Cid?

García   ¿Esas cosas te dan pena?

Hernando   Éstas me la dan a mí,
que son con las que se roza
la jerarquía servil.
Y si cosas tan menudas
me desesperan así,
¿cuál estará entre las grandes
el que juzgan más feliz?
¡Buena pascua! Vamos presto.
Nunca tan cuerdo te vi,
que aquí todo es embeleco,
todo engaño, todo ardid.
Al que promete aquí menos,
y al que cumple más aquí,
el pronóstico de Cádiz
no se la gana a mentir.
Coche y Prado son su gloria,

y ésta se reduce al fin
a mirarse unos a otros,
y andar de aquí para allí.
Pero las postas son éstas.

García   Pues alto, Hernando, a subir.

Hernando   Bien puedes, que a punto
                están la maleta y el cojín.

(Vase Hernando.)

García   Adiós, corte; adiós, Anarda.

(Sale don Juan.)

Juan   Los caballos despedid,
                que os manda quedar su alteza
                en la corte.

García   ¿Qué decís?

Juan   Que cesó la causa ya
                porque os mandaba partir,
                y así ha cesado el efeto.

García   ¿Y puedo saberla?

Juan   Sí.

García   Decidla presto, don Juan.
                ¿Qué causa al príncipe di
                de tan repentino enojo?

Juan	Erraisos, García Ruiz.
	No de enojo, más de amor
	mudó el clavel en jazmín,
	por una nueva que yo
	de vuestro riesgo le di.
García	¿Y era el riesgo...?
Juan	Del enojo
	del rey.
García	¿Del rey contra mí?
Juan	Por la herida de Mauricio.
García	Pues, ¿quién le pudo decir
	que fui yo el actor?
Juan	No sé.
	Por esto os mandó partir,
	como os ama, temeroso
	de algún suceso infeliz;
	y el enojo que en él vistes,
	fue contra el pecho ruin
	que a indignar al rey con vos
	dio aliento a la lengua vil.
	Entró luego a ver al rey,
	y díjole con ardid
	cómo a Toledo, García,
	os llevaba a vos y a mí.
	Que nos llevase en buen hora,
	dijo su padre, y de aquí,
	que era falsa colegimos
	la nueva que yo le di;

que a estar con vos indignado,
no os permitiera seguir
al Príncipe, y en su rostro
que mintió la fama vi.
Con esto y con que a su Alteza
libraros, García Ruiz,
de cualquier riesgo es más fácil
que no apartamos de sí,
os manda quedar, y encarga
a ese esfuerzo varonil
lo que con vos ha tratado.

García	¿Y es menester para mí
	este recuerdo? A su alteza,
	don Juan amigo, decid
	que solo triste partía
	de pensar que le ofendí,
	y alegre de que fue engaño,
	quedo a servirle en Madrid.

| Juan | Dadme los brazos, García. |

| García | Don Juan, ¿tan presto os partís? |

Juan	Al príncipe he de alcanzar,
	que va a Illescas a dormir.
(Aparte.)	(Ni más por ti pude hacer,
	ni más te puedo decir;
	valor y prudencia tienes;
	tú sabrás mirar por ti.)

(Vase don Juan.)

| García | Encontró Amor a la Fortuna un día, |

émula de su imperio soberano;
de Aquelóo las reliquias una mano,
y la rueda fatal otra movía.
     El soberbio rapaz la desafía,
y el arco flecha; pero flecha en vano,
que no la ofende su poder tirano,
si el cetro menos él de ella temía.
     Al fin, reconocidos por iguales,
dios cada cual en cuanto ciñe Apolo,
ni él las viras dejó, ni ella los giros.
     ¿Qué tanto soy contra enemigos tales?
No se vencen dos dioses; y yo solo
bastaré a sus mudanzas y sus tiros.

(Vase don García. Salen doña Julia, doña Anarda e Inés.)

Julia   En lo que agora te digo,
                    mi amor te quiero mostrar.
                    A Mauricio, tu enemigo,
                    el rey pretende casar
                    contra tu gusto contigo,
                         y siguiendo aqueste intento,
                    vendrá agora de su parte
                    quien acabe el pensamiento,
                    con orden para llevarte,
                    si resistes, a un convento.

Anarda   ¡Cuando la mano le dé
                    al Conde, o no tendré seso,
                    Julia, o sin vida estaré!

Julia   Si te resuelves en eso,
                    un consejo te daré.

Anarda	Ya, prima, tu lengua tarda.
Julia	Éntrate al punto en el coche; del furor del rey te guarda, que yo desde aquí a la noche haré tu negocio, Anarda.
Anarda	Bien dices.
Julia	Presto; que ya vendrá la gente que digo.
Anarda	¡Hola! ¡El coche!
Inés	Puesto está.
Anarda	El manto, Inés. Ven conmigo.
Julia	Las cortinas llevará tendidas el coche, prima. No sepan que vas en él.
Anarda	Mucho tu amistad me anima, que es una amiga fiel la joya de más estima.

(Vanse doña Anarda e Inés.)

Julia	¡Qué bien la supe engañar! Quien camina descuidado es fácil de saltear. Agora pienso acabar el enredo comenzado. Con esto a mi amor quité

el mayor impedimento,
que como a solas esté
con Alarcón, a mi intento
hoy dulce puerto daré.
    Hoy lograré mi esperanza,
porque es necio el que no entiende
que hay peligro en la tardanza,
si con brevedad no alcanza
quien con engaños pretende.

(Sale Buitrago.)

Julia   ¿Anarda, fuese?

Buitrago   Imagina
cada caballo español,
según con ella camina,
que lleva en el coche al Sol,
y que es nube la cortina.

Julia   ¿Viene Alarcón?

Buitrago   Al momento
me respondió que venía.

(Vase Buitrago.)

Julia   Sus pasos son los que siento,
pues se alegra el alma mía
y se turba el pensamiento.

(Salen don García y Hernando.)

García   Sujeto a vuestro mandado

vengo a ver lo que queréis.
Nada me encubra el cuidado,
pues me confieso obligado
a la merced que me hacéis.

Julia   Gloria ilustre de Alarcón,
este cuidado que os muestro,
no os pone en obligación,
porque por mi honor, el vuestro
procuro en esta ocasión.
Casarse con vos intenta
mi prima, que hacer pretende
a vos y a su sangre afrenta;
y como en ella me ofende,
tomo el remedio a mi cuenta.
Del vuestro pende mi honor,
y aunque para defenderlo
casado tendréis valor,
viendo el peligro, es mejor
evitarlo que vencerlo.

García   ¿Posible es que solo el celo
de lo que apenas os toca
os causa tanto desvelo?
Más viva causa recelo
que a tal cuidado os provoca.

Julia (Aparte.)   (Temblando está mi edificio;
esfuércelo otra invención.)
Parte es celo, parte oficio
que paga la obligación
en que me ha puesto Mauricio.
A su ruego lo he intentado,
porque mi honor mejora;

y no habiéndole alcanzado,
a ser tema viene agora
lo que fue razón de estado.
　　Pero, ¿qué sirve que os cuente
la causa? El efeto ved
a vuestro honor conveniente.
Si es buena el agua, bebed
sin preguntar por la fuente.
　　Yo os digo, Alarcón, verdad;
la causa cual fuere sea;
después de vos os quejad.
Solo en el Príncipe emplea
Anarda su voluntad.
　　No os mueva el falso favor
de aquel honesto fingir,
porque su intento traidor
es con vuestra mano abrir
las puertas a ajeno amor.
　　Y porque sepáis, García,
si apresuran vuestro daño;
que esto a vos solo podía

(Aparte.)　　　　　decirse... (Con este engaño
he de hacer gran batería.)
　　...Anarda a cierto lugar
parte agora, igual al viento,
adonde la fue a esperar
su alteza, para trazar
el fin de este casamiento.

García　　　　　　¡Que un pensamiento traidor
quepa en sangre principal!

Julia　　　　　　Como eso puede el amor.
Pues que te prevengo el mal,

prevén remedio a tu honor.

García   El no casarme con ella
es el remedio.

Julia   Alarcón,
si él llega a mandarlo, y ella
da la mano, ¿qué razón
has de dar de no querella,
  y más cuando tú de amar
a Anarda muestras has dado?
Viéndote así retirar,
¿Por fuerza no han de pensar
que su intención te he contado?
  Pues mira tú si es razón
que con el bien que te he hecho
granice su indignación.

García   No cabe en mi noble pecho
ingrata imaginación.

Julia   Y por ti también es justo
que algún ímpetu violento
temas del príncipe injusto,
o porque no haces su gusto,
o porque sabes su intento.
  Si ve su pecho real
que sabes falta tan grave
de él, teme un odio mortal,
porque todos quieren mal
a quien sus delitos sabe.

García   Ya que a mi incauto navío
mostraste con pecho fiel

el fiero oculto bajío,
solo en tu valor confío,
Julia, que lo libres de él.
    Aconséjame.

Julia   El consejo
edad y prudencia quiere.

García   Mi amor en tus manos dejo,
que al más sabio y al más viejo
tu claro ingenio prefiere.

Julia   Pues tanto te satisface
mi voluntad conocida,
que en tu bien discursos hace,
digo que la diestra herida
de la misma herida nace.
    Si te ofenden con casarte,
el casarte te defienda.
Busca a quien pueda igualarte,
y antes que el príncipe entienda
qué se trata, has de obligarte.

García   ¡Fuerte remedio!

Julia   Violento;
mas pídelo el mal cruel,
y un honrado pensamiento
fácil arriesga el contento,
si guarda el honor con él.

García   ¡Ah, cielos! ¿Tanto rigor...

Julia (Aparte.)   (Ayude Amor mi esperanza.)

García	...con hombre de mi valor? ¿Esto es corte? ¿Esto es privanza? ¿Esto es honra?
Julia (Aparte.)	(¿Y esto amor?)
García	¿Cómo quieres que halle yo mujer?
Julia	Si se determina tu pecho a lo que me oyó, quien el remedio ordenó te dará la medicina.
García	¿Mujer igual a quien soy me darás?
Julia	Digo que sí.
García	Pues determinado estoy.
Julia	¿Dirás que es igual a ti, si igual a mí te la doy?
García	Y que excede a mi deseo.
Julia	Pues en ti, noble Alarcón, tan ilustres glorias veo, que a la mayor presunción pueden dar honroso empleo. Mas cuando en casar contigo, mucho de mi honor perdiera, que diera la mano digo,

si de esa suerte saliera
con el intento que sigo.

García   ¿Qué dices?

Julia   ¿De qué te alteras?

García   ¿Agora das en probarme?

Julia   Las causas que consideras
me fuerzan; mas, ¿obligarme
tú por ti no merecieras?

García (Aparte.)   (Grandes malicias advierto.
Mucho me da que entender
aqueste nuevo concierto.
Si me quiere esta mujer,
el engaño he descubierto.
    Yo lo veré.) Mi esperanza
de un favor tan soberano
teme el engaño o mudanza.

Julia   ¿Darás crédito a la mano,
si la lengua no lo alcanza?

García   ¡Cuánto estimara tu intento,
a ser hijo del Amor!

Julia   Basta; no me des tormento.
No engendra solo el honor
tan resuelto pensamiento.

García   ¿Luego en efeto me quieres?
¡Dime, por Dios, la verdad!

128

Julia	¡Qué discreto, Alarcón, eres!
	No dicen más las mujeres
	de mi estado y calidad.
García	Pues, ¿y don Juan? ¿Qué diría?
	Que sé que te quiere bien.
Julia	Eso a mi cuenta, García.
García	Corre a la mía también,
	porque de mí se confía.
Julia	Don Juan solo se entretiene,
	porque al príncipe acompaña
	cuando a ver a Anarda viene;
	mas ni mi favor le engaña,
	ni es amor el que me tiene.
	Y cuando me tenga amor
	con que te obligue a lealtad,
	mira si te está mejor
	el conservar su amistad
	que dar remedio a tu honor.
	Si no le piensas callar
	lo que hemos tratado aquí,
	tu intención ha de estorbar;
	que ha de querer agradar
	más al príncipe que a ti,
	y no es razón que lo intentes
	en mi daño.
García	En todo hallo
	montañas de inconvenientes

Julia	Los del honor son urgentes.
García	Déjame por hoy pensallo.
Julia	El remedio que te doy consiste en la brevedad.
García	Ya de eso advertido voy, y de que a tu voluntad obligado, Julia, estoy.

(Vase don García.)

Julia   Grandes cosas he emprendido,
y mis enredos extraños
lo posible han excedido;
mas quien de amor no ha sabido,
no condene mis engaños.
           ¡Buitrago!

(Sale Buitrago.)

Buitrago   Señora.

Julia   Id
donde mi prima os aguarda,
y que se venga decid.

Buitrago   En el Soto está.

Julia   Y si Anarda
algo os pregunta, advertid...

(Vanse doña Julia y Buitrago hablando. Sale Hernando, contando las horas que dé un reloj.)

Hernando   Dos, tres, cuatro, cinco, seis,
        siete, ocho, nueve, diez, once.
        ¡Válgate Dios por mujer!
        ¿Has de venir esta noche?
        ¡Que a estas horas esté fuera
        una doncella! ¡Qué azotes!
        ¡Pobre coche el que una vez
        una ballenato coge!
        Piensa que el cochero es piedra
        y los caballos de bronce,
        y la noche, cuando viene,
        lleva dos mil maldiciones.
        ¡Poh! ¡Mal hubiesen los gatos
        que dan algalia a estos botes!
        Ya empiezan las cosas malas
        de entre las once y las doce.
        Como salen a tal hora
        en otras partes visiones,
        en Madrid por las narices
        espantan diablos fregones.
        ¿Otro? ¡Mal haya la Arabia
        que engendra tales olores!
        Agora huele a adobado,
        y es la quinta esencia entonces.
        Coche suena... por la calle
        sube de los Relatores...
        ¡Señor, señor!

(Sale don García.)

García   ¿Qué hay, Hernando?

Hernando	Por acá, que viene un coche.

García	¿Si será Anarda?

Hernando	La vuelta da hacia su casa. Paróse. Mujeres son.

García	Ello es cierto. Claramente se conoce que Julia dijo verdad.

Hernando	¿Dos solas, y a media noche?

(Salen doña Anarda e Inés, con mantos.)

García	Escucha, Anarda.

(Doña Anarda se acerca a la puerta de su casa.)

Anarda	¿Quién es? ¡Hola! Una luz.

García	No des voces. Alarcón soy.

Anarda	¿Vos, señor? ¿Qué queréis?

García	No te alborotes.

Anarda	¿De qué, donde vos estáis?

(Tira doña Anarda a Inés con temor hacia don García.)

Inés (Aparte.)   (Ya entiendo. El manto me rompe.)

García   Perdonad mi grosería,
                        si lo es preguntar de dónde
                        viene sola y a estas horas
                        una doncella tan noble.

Anarda   Aunque para hablar no es éste
                        tiempo ni lugar conforme,
                        aquél es tiempo y lugar
                        donde riesgo el honor corre.
                        Díjome Julia que el rey
                        determinado dispone,
                        o que me entre en un convento
                        o que dé la mano al Conde,
                        y que esta tarde vendría
                        su gente por mí, con orden
                        de ejecutar este intento;
                        que con mi ausencia lo estorbe;
                        que ella, ausente yo, daría
                        traza cómo no se logre
                        el intento de Mauricio.
                        Aprobélo, tomé el coche,
                        y solas Inés y yo
                        nos fuimos al Soto, donde
                        un escudero de Julia
                        al anochecer llamóme.
                        Yo, que de espías del rey
                        es fuerza que miedo cobre,
                        hasta las horas que veis
                        no quise salir del bosque.

García (Aparte.)	(Con lo que a su prima oí, esto, ¿qué tiene que ver? A Anarda llego a creer, y a Julia también creí. ¡Ay de mí! ¿En qué ha de parar la confusión de mi pecho?)
Anarda	¿No estás, señor, satisfecho?
García (Aparte.)	(¡Ah, Dios! ¡Quién pudiera hablar!)
Anarda	¿No hablas?
García (Aparte.)	¿Tú fuiste, Anarda... (Por Dios que estoy por decillo.) ...a verte con el Sotillo...?
Anarda	¿Qué dices?
García	Digo que... Aguarda... que fuiste tú...
Anarda	¿A dónde fui?
García	¡Jesús, qué priesa me das!
Anarda	¿No ves que en la calle estás, y que yo estoy mal aquí?
García (Aparte.)	Digo... (No puedo, en efeto; que si Anarda me ha mentido, es darme por entendido y descubrir el secreto.)

134

Anarda	Si pones en mi verdad
	y en mi honor dudas, advierte
	que yo en el satisfacerte
	no pongo dificultad.
	Con que adviertas, Alarcón,
	que la obligación entiendo
	de quien me pide, no siendo
	mi esposo, satisfacción;
	y te des por entendido
	de lo que te da a entender
	quien, no siendo tu mujer,
	satisfacerte ha querido.
García	¿Tan torpe de entendimiento,
	tan ciego piensas que soy
	que en tus tiernos ojos hoy
	no te leyese el intento?
	¿Y tú decirme podrás
	que no te ha dicho mi pena
	que solo el príncipe enfrena
	los intentos que me das?
Anarda	Que no ha de estorbarme, advierte,
	lo que convenga a mi honor,
	y eso supuesto, señor,
	yo quiero satisfacerte.
García	Luz es ésta.
Inés	Julia viene.
García	Y con ella la ocasión
	con que la satisfacción
	puedo tener que conviene.

Anarda   Di cómo.

García   Dile que soy
                el príncipe, que, enojado,
                incrédulo y porfiado,
                celos pidiéndote estoy.
                    Que ella la verdad refiera;
                y si concuerda contigo,
                que estoy satisfecho digo.

Anarda   Soy contenta.

(Salen Julia y Buitrago, con una luz.)

Anarda   Prima, espera.
                Quita la luz.

(Éntrase Buitrago con la luz, y embózase don García.)

Julia   He bajado
                a buscarte, prima, así,
                porque ha gran rato que oí
                el coche, y me dio cuidado.
(Aparte.)   (¡Oh, celos!)

Anarda   Me ha detenido
                su alteza...

Julia (Aparte.)   (Mi mal cesó.)

Anarda   Que por correrme, corrió
                la posta.

Julia (Aparte.)   (Amor lo ha traído.)

Anarda   Dile, prima, lo que pasa,
                  que me ha encontrado a la puerta,
                  y es milagro no estar muerta,
                  según en celos se abrasa.
                      De dónde vengo le cuenta,
                  y a qué de casa salí.

Julia   Yo, señor, decir oí
                  que el rey, vuestro padre, intenta
                      que Anarda la mano dé
                  a Mauricio, su enemigo,
                  o en un convento en castigo
                  de su resistencia esté,
                      y que hoy por ella enviaba
                  para ejecutarlo así;
                  yo al remedio me ofrecí,
                  si al rigor el cuerpo hurtaba.
                      Con esto al Soto partió,
                  donde la nueva ha esperado,
                  que Buitrago le ha llevado,
                  de que la fama mintió.

Anarda   ¿Estás satisfecho?

García   Sí.

Anarda   Prima, ¿y nuestro tío?

Julia   Ya
                  entregado al sueño está.

Anarda   Pues sube, que voy tras ti.

Julia	Sin temer el menor daño
	puedes hablar hasta el día.
(Aparte.)	(Quizá entre tanto García
	vendrá a confirmar mi engaño.)

(Vase doña Julia.)

García	¿Quién creyera que mentía
	tan bien compuesta invención?
Anarda	¿Ya te di satisfacción?
García	Como tuya, Anarda mía.
Anarda	¿Qué determinas?
García	Rendir
	a tu gusto mi albedrío.
Anarda	Dichosa yo si eres mío.
García	Nada lo puede impedir.

(Salen don Juan y el Príncipe, de camino, y Gerardo.)

Juan	Rendidas quedan las postas.
Príncipe	Tal ha picado el amor.
Juan	¡La casa de Anarda abierta!
Príncipe	Sí, que estaba ausente yo.

Juan	Tras la puerta hay una luz. ¿Entraremos?
Príncipe	Ciego estoy, y la novedad obliga, si convida la ocasión.
Juan	Aquí hay gente. ¿Quién va allá?
García	¡Don Juan y el príncipe son!
Anarda	Sacad, Buitrago, esa luz.

(Saca la luz.)

Príncipe	¿Es Anarda?
Anarda	Sí, señor.
Príncipe	¿Quién está contigo?
García	¿Quién puede estar, sino Alarcón, si por guarda vigilante vuestra alteza me dejó?
Príncipe	¿En el zaguán y a tal hora, solos y a oscuras los dos?
García	En este punto, de fuera, señor, Anarda llegó, y yo, que estaba en espía con los celos de tu amor, de venir tan tarde estaba

preguntando la ocasión.

(Hablan el Príncipe y don Juan aparte.)

Príncipe   Rabio, Don Juan.

Juan   Disimula.

Príncipe   El seso perdiendo estoy.

Juan   Toma de Julia el consejo;
                 de dos daños, el menor.
                 Dala por esposa al Conde,
                 y aunque con esa pensión,
                 verás fin en tu deseo,
                 y no en el suyo estos dos.

Príncipe   Gerardo, busca a Mauricio,
                 y di que lo llamo yo.

(Vase Gerardo. Salen doña Julia y don Diego.)

Julia   ¡En esta casa su alteza!

Diego   ¿Qué novedades, señor
                 a tal exceso os obligan?

Príncipe   Noble don Diego Girón,
                 para evitar los disgustos
                 que hay entre Mauricio y vos,
                 quiero dar esposo a Anarda,
                 y hacer estas paces yo.

Diego   De vuestra mano real

es, señor, tan noble acción.

Anarda   ¿Con quién, señor, me casáis?

Príncipe   Al Conde, Anarda, te doy.

Anarda   Para hacer así las paces,
                  menester no érades vos,
                  que ya fuera mi marido,
                  si hubiera querido yo.
                  Hacer lo que otro no puede
                  es milagro del valor;
                  y así, pues hacer las paces
                  el vuestro nos prometió,
                  y cumplirlo es imposible
                  si al Conde la mano doy,
                  para que cumplir podáis
                  tan precisa obligación,
                  a García Ruiz la mano
                  con vuestra licencia doy.

(Hablan aparte el Príncipe y don Juan.)

Príncipe   Arrojóse.

Juan   Él no querrá,
                  que es leal, y ve tu amor.

(A doña Anarda.)

Príncipe   ¿Sabes que querrá García?

García   Si quisiera a Anarda yo
                  de suerte que mi mal diera

141

	a la envidia compasión,
	no me casara, no siendo
	con vuestro gusto, señor.
Príncipe	¡Qué bien dijiste, don Juan!
	Vos, García, sois quien sois,
	y sois mi primer amigo
	y mi privado mayor.
García	Al príncipe, Anarda, debes
	esta mano que te doy,
	porque, a no querer su alteza,
	no me obligara tu amor.
Príncipe	¿Qué decís?
García	Vos ¿no queréis
	casalla?
Príncipe	¿Yo?
García	Sí, señor.
Príncipe	Con el Conde.
García	¿Con el Conde?
	Pero si habéis dicho vos
	que vuestro mayor amigo
	y mayor privado soy,
	lo que dábades al Conde,
	¿cómo puedo pensar yo
	que me lo neguéis a mí?
Hernando (Aparte.)	(Concluyólo, vive Dios.)

Príncipe	Sofísticos argumentos en el vasallo, Alarcón, arguyen claras malicias, sin disculpar el error. Idos luego a vuestra tierra, porque nunca bien sirvió el que con su dueño arguye.
García	Puesto que el vivo dolor de haberos dado disgusto me atraviesa el corazón, vuestro mandado obedezco, y por él gracias os doy, pues que trueco al bien de Anarda los males de la ambición.
Juan	Señor, mira que García y su valor...

(Hablan el Príncipe y don Juan en secreto.)

Príncipe	Siempre vos...
Julia	Al fin, necio, ¿de su alteza perder quisiste el favor?
García	Perdílo ganando a Anarda; favores del mundo son.
Príncipe	Vos lo pedís, y García tiene disculpa en su error.
Juan	Alarcón, ya de su alteza

tengo alcanzado el perdón.

García	Su benigno pecho alaben cuantos gozan luz del Sol.
Hernando	Tantas vueltas en un día, ¿cuándo Fortuna las dio?
Juan	Julia, cumplid la palabra que me distes.
Príncipe	Siendo yo el padrino, bien podéis.
Julia	Ya es forzoso; vuestra soy.
Buitrago	El Conde viene.
Hernando	¡A buen tiempo!

(Salen el Conde y Gerardo.)

Conde	Aunque sin salud, señor, salí luego a obedeceros.
Príncipe	Yo mismo el tercero soy para que le deis la mano, Conde, a don Diego Girón.
Conde	Pensé que a Anarda.
Príncipe	Ya Anarda es esposa de Alarcón; y no os pese, que a fe mía

que os ha importado el honor.

Conde   Pues vuestra alteza lo manda,
soy su amigo.

Diego   Vuestro soy.
Y los favores del mundo
dan fin, y piden perdón.

Fin de la comedia

Libros a la carta

A la carta es un servicio especializado para empresas, librerías, bibliotecas, editoriales y centros de enseñanza; y permite confeccionar libros que, por su formato y concepción, sirven a los propósitos más específicos de estas instituciones.

Las empresas nos encargan ediciones personalizadas para marketing editorial o para regalos institucionales. Y los interesados solicitan, a título personal, ediciones antiguas, o no disponibles en el mercado; y las acompañan con notas y comentarios críticos.

Las ediciones tienen como apoyo un libro de estilo con todo tipo de referencias sobre los criterios de tratamiento tipográfico aplicados a nuestros libros que puede ser consultado en Linkgua-ediciones.com.

Linkgua edita por encargo diferentes versiones de una misma obra con distintos tratamientos ortotipográficos (actualizaciones de carácter divulgativo de un clásico, o versiones estrictamente fieles a la edición original de referencia).

Este servicio de ediciones a la carta le permitirá, si usted se dedica a la enseñanza, tener una forma de hacer pública su interpretación de un texto y, sobre una versión digitalizada «base», usted podrá introducir interpretaciones del texto fuente. Es un tópico que los profesores denuncien en clase los desmanes de una edición, o vayan comentando errores de interpretación de un texto y esta es una solución útil a esa necesidad del mundo académico.

Asimismo publicamos de manera sistemática, en un mismo catálogo, tesis doctorales y actas de congresos académicos, que son distribuidas a través de nuestra Web.

El servicio de «libros a la carta» funciona de dos formas.

1. Tenemos un fondo de libros digitalizados que usted puede personalizar en tiradas de al menos cinco ejemplares. Estas personalizaciones pueden ser de todo tipo: añadir notas de clase para uso de un grupo de estudiantes, introducir logos corporativos para uso con fines de marketing empresarial, etc. etc.

147

2. Buscamos libros descatalogados de otras editoriales y los reeditamos en tiradas cortas a petición de un cliente.